교황의
경제학

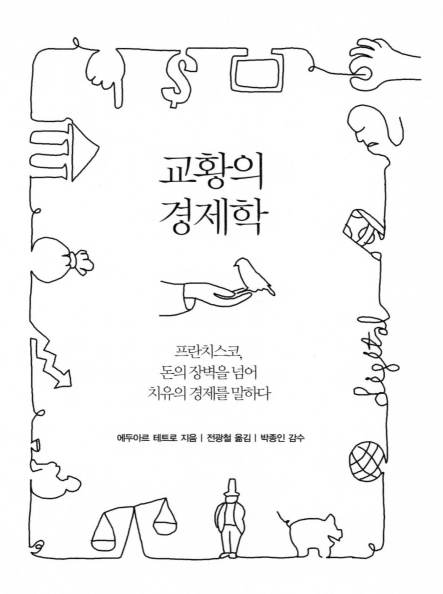

교황의 경제학

프란치스코,
돈의 장벽을 넘어
치유의 경제를 말하다

에두아르 테트로 지음 | 전광철 옮김 | 박종인 감수

COOPERATIVE
착한책가게

교황의 경제학,
물신의 장벽을 넘는 법

원 제목이 '돈의 장벽을 넘어'인 이 책은 최근(2015년 9월)에 이루어진 교황의 미국 방문을 염두에 두고 쓰인 것인 만큼 아주 신선하다. 시기적으로는 그렇다 해도 내용은 우리에게 임박한 위험에 대한 강한 경고를 담고 있다. 그만큼 어서 읽어보시라고 권하고 싶다. 자칫 우리가 지금은 그나마 견뎌내고 있는 일상이 더 큰 비참으로 바뀌는 것을 보게 될지도 모르겠으니 말이다.

이 책을 통해 저자는 우선, 급속도로 인간을 소외시키는 현재의 경제 체제에 대해 경고한다. 인간이 사회에서 밀려나는 현실은 어느 국가나 지역에 한정된 것이 아니라 세계적인 현상이며 나날이 악화되고 있다. 다음으로, 이런 세태에 대해 위대한 종교들의 충고를 되짚어보고 대안을 제시하고자 한다. 배척당하고 있는 수십억 명을 위해 이야기해줄 당사자가 세계적 종교들이기 때문이다.

　이미 그리스도교, 특히 가톨릭은 사회 교리를 통해, 사회는 존엄함을 지닌 인간이 그 품위대로 살아갈 수 있도록 도와야 함을 지적해왔다. 가톨릭의 수장인 교황이 가난한 성인 프란치스코의 이름을 이어받아 호소하고 보여주는 다양한 실천도 그 연장선 위에 있다. 프란치스코 교황은 전에 없던 새로운 메시지를 제시하는 것이 아니라 올해로 폐막 50주년을 맞이한 바티칸 제2차 공의회의 정신을 양극화가 점점 더 심화되는 세계에 지속적으로 알리고 있는 것이다.

　며칠 전 공식적으로 시작된 '자비의 희년'이 바티칸 공의회의 폐막날(12월 8일)에 선포된 것도 결코 우연이 아니다. 이 책에도 나오듯이 모든 것을 탕감해줄 수 있고 그래야만 하는 때가 있다. 그것이 희년이다. 오늘날의 맥락에서는 빚에 시달리는 사람에게 빚을 탕감해주는 것이 곧 자비를 드러내 보이는 모습이다. 이를 통해, 프란치스코 교황은 물신 숭배를 버리고 다시 하느님에게 돌아갈 것을, 사회 밖으로 밀려난 사람들에게 다시 존엄을 되찾아줄 것을 요청하고 있다.

　저자는 제3의 길을 통해 우리가 처한 위험을 극복할 수 있다고 본다. 이 길은 인간의 존엄성이라는 절대 원리에 기초한다. 현 교황이 요청하는 길이다. 인간적이고 인본적인 제3의 길은 오늘 우리가 경험하고 있는, 제어할 수 없는 자본주의의 탐욕과 과거에 겪었던 사회주의의 오류를 극복할 수 있는 방법이다.

《교황의 경제학》은 가톨릭 신자들도 크게 관심을 기울이지 않고 있는 가톨릭 사회 교리가 어떤 것인지 환기시켜주며 그 핵심 원리들을 이해하도록 도와줄 것이다. 이 원리들은 가톨릭 신자들만이 알고 있어야 할 교리가 아니며, 모든 사람이 하느님의 모습대로 창조되었기에 숙고해야 할 '인간 존엄성'과 그것을 둘러싼 중요 개념들이다.

책을 읽으며 개인적으로 매우 반가웠던 점은, 이 책에 등장하는 프랑스 경제학자 가엘 지로가 한때는 같은 공동체에서 생활했던 나의 수도회 형제라는 사실이다. 밤늦도록 숙제하다가 머리를 식히기 위해 수학 논문을 쓴다고 했던 가엘은, 두말할 것 없는 천재였고, 수도회 입회 전에는 월가에서 러브콜을 받았다. 하지만 그는 아프리카 차드에서 체험한 가난한 아이들과의 만남을 잊지 못했고, 이것이 결정적으로 자신을 예수회원이라는 수도자의 삶으로 이끌었다고 했다.

이 책의 저자인 에두아르도 부유한 가정에서 태어나 성장하였고, 파리에 있는 유명한 예수회 고등학교 출신이다. 하지만 그런 배경을 가지고 있는 저자도 세습될 수 있는 부와 자신의 경력에 안주하지 않고, 이제는 금융 개혁을 통해 부가 윤리적으로 운영되어야 함을 제안하고 있다. 나는 가엘이나 에두아르만이 아니라 양심과 신앙을 바탕으로 사고할 수 있는 사람이라면 누구나, 오늘 우리가 맞닥뜨린 비인간적이고 비정한 세상에 치유를 위한 대안을 전해줄 수 있다고 믿는다.

우리가 이렇게 이야기를 하고 있는 동안, 우리의 프란치스코는 이미 치유를 위한 실천을 시작하셨다.

박 종 인
(예수회원, 청소년·청년 사목 동반사제, 서강대 교수)

contents

오늘날 모든 것이 경쟁의 논리와 약육강식의 법칙 아래 놓이게 되면서
힘없는 이는 힘센 자에게 먹히고 있습니다. …
인간을 사용하다가 그냥 버리는 소모품처럼 여기고 있는 것입니다. …
이제는 문제가 단순히 착취와 억압 현상이 아니라 전혀 새로운 어떤 것입니다. …
그들은 '착취된' 이들이 아니라 쫓겨난 이들, '버려진' 사람들입니다.

─교황 권고 《복음의 기쁨》, 프란치스코 교황─

장벽의 발치에서

오늘날 세계 경제는 나라를 불문하고 두 가지 힘에 의해 지배
되고 있다. 하나는 금융이고, 또 하나는 신기술이다.

이 두 힘은 서로 결합하여 인류 역사상 전례가 없는 부와 혁신
을 창조한다. 이 두 힘은 세계화와 함께 수많은 사람들이 심한 빈곤
에서 벗어나도록 하는 데 기여해왔다. 이 힘들은 수년, 아니 수개월
이면 엄청난 재산을 쌓을 수 있게 해주는데, 그렇게 하기 위해서는
누군가 삶 전체를 걸어야 할지도 모른다.

아시아의 연구실과 실리콘밸리의 벤처 기업에서는 금융과 신
기술이라는 두 가지 힘을 이용해 마침내 인간의 정체성까지 변화시
키려는 야망을 품게 되었다. 태어남과 죽음의 한계까지도 무너뜨리

면서 인간을 '끌어올리려고' 하는 것이다.

우리는 산업혁명을 뛰어넘는 변혁을, 바로 세계적 차원에서 문명의 변화를 경험하고 있다.

인류는 그 쓰나미에 맞설 준비가 되어 있는 걸까?

과거에는 당연하게 받아들였던 한계를 금융과 기술이 극복한 듯 보이는 것은 사실이다. 하지만 동시에 인간이라는 근본적이고 복합적인 주제에는 거의 관심을 돌리지 않고 있기에 심히 우려스럽기도 하다.

이 책을 쓴 첫째 목적은 세계적으로 우리 경제와 사회에서 인간성이 급속도로 상실되고 있는 세태에 대해 경고하는 것이다. 많은 사람들과 나라들이 새로운 환경에 적응하지 못하면서 피폐해져 가고 있다. 하지만 이런 세태는 그저 방치되고 있다. 세계 경제는 '죽이는 자가 모든 것을 가져가는' 경제가 되었다.

사람들은 단 몇 주 만에 경제의 모든 부문과 그 일자리를 무릎 꿇리는 새롭고 강력한 서비스를 일컬어 '킬러앱killer apps'이라 부르고 있다. 건강, 미디어, 금융 서비스, 교통, 유통은 물론 숙박업에서 자동차 산업에 이르기까지 어떤 산업 부문도 킬러앱의 영향권에서 벗어나 있지 않다. 킬러앱이 적용될 수 있는 분야라면 그게 무엇이든 잘 훈련되고 '경쟁력 있는' 인간의 일자리를 하나의 알고리즘이 대체할 것이다. 오늘날과 같은 첨예한 경쟁 환경에서 그런 새로운 수단을 자본으로 보유하는 기회를 거머쥔 '특권층^{happy few}'이나, 능력과 기술 정보, 상품을 팔 수 있는 유용한 네트워크를 가진 이들은 점점 더 '행복'해지고 있다. 그러나 그 수는 점점 줄어들고 있다.

오늘날의 경제와 사회는 기술에 대한 극도의 취약성과 심한 재정적 불균형이라는 문제를 안고 있다. 이 때문에 우리는 세계 자본과 노동의 흐름에서 수요와 공급의 균형을 맞추어야 할 현장, 즉 세계 전자금융시장에서 심각한 불상사를 겪기 직전에 이르렀다.

그런 불상사는 일어난다. 그것도 세계 곳곳에서 동시에 일어날 것이다. 그리고 1929년 대공황과 2008년의 위기보다 훨씬 더 심각한 파장을 불러올 것이다. 우리 사회의 구조와 가치 체계, 행동 양식을 근본부터 다시 검토해야만 할 상황에 처하게 될 것이다.

위기가 임박했다는 것은 어떠한 행동을 하는 데 있어 결정적인 계기가 된다. 그 행동이란 바로 돈과 기술을 우리 운명의 주인이 아니라 종복의 자리로, 즉 제자리로 돌려놓는 일이다.

돈과 기술이라는, 우리를 지배하는 두 종교에 맞서 승리하기 위해서는 앞으로 벌어질 토론과 결정의 테이블에 수백 년 전부터 세계의 정치 공론장에서 추방당한 당사자들을 초청해야 한다. 프랑스와 미국 혁명 시기부터 어쨌든 북반구에서 배척당한 수십억 명을 대표하는 당사자는 바로 위대한 세계적 종교들이다.

오늘날 경제 법칙이 이토록 인간성을 상실하게 된 것이 완전히 우연은 아니다. 경제 체제의 법칙은 수백 년 전, 나아가 수천 년 전부터 위대한 종교들과, 우리 인간성이 지닌 신성한 특징인 양심이 다양한 방식으로 표현해온 것을 일부러 무시하면서 운용되어왔다. 불교와 유대교, 그리스도교는 물론 힌두교와 이슬람교까지 위대한 세계적 종교들은 하나같이 이렇게 가르쳤다.

"그대들이 죽임을 당하기 전에 금송아지를 죽일지어다. 돈과 기술이 양심과 인간관계를 지배하도록 내버려두면 안 된다. 어떤 일이 있어도 소유가 아니라 절도와 균형을 추구해야 한다. 받은 것을 되돌려주어라. 그러지 않으면 인간도 땅도 그 포식의 힘에서 오래 살아남지 못할 것이다."

소명이 왜곡되고 정치에 이용되는 종교는 엘리 바르나비^{Élie} Barnavi의 책 제목[1]을 인용하자면 확실히 많은 인명을 앗아간다. 그러나 왜곡되지 않은 종교는 그 근원에서부터 자비와 우애, 인간의 충만함과 온전함이 흘러나온다. 인간은 결함이 있고 불안정하고 유한하다. 이제 여러 종교가 우리에게 전하는 가르침과 우리 시대의 비인간화된 경제의 대안으로 제시하는 것들을 받아안기 위해 경전을 다시 펼치고 그 안에 담긴 사회 교리들을 다시 탐색해야 할 때가 왔다. 반대로 계속해서 우리 시대의 문제들과 관련하여 위대한 종교

• • •

1 엘리 바르나비,《많은 인명을 빼앗는 종교들 *Les Religions meurtrières*》(Paris, Flammarion, 2006.)

의 경전들을 무시한다면 이런 경우를 일컫는 아프리카 말이 있다. 그 이름도 불길한 '보코하람Boko Haram'이다. 어디든 그런 몽매주의가 존재한다.

이 책의 또 다른 목적은 오늘날의 경제를 위해 위대한 종교들의 충고를 되짚어보고 구체적인 길을 제안하는 것이다. 그리고 세계 경제와 관련한 정치, 경제, 금융의 결정권자들이 가능한 한 빠르고 분명하게 이를 이해하도록 돕는 것이다.

나는 책의 후반부에서 위대한 종교들과 국제 금융계 사이에 전대미문의 '브레턴우즈 협정(1994년 미국 브레턴우즈에서 통화 안정을 꾀하기 위해 연합국 44개국이 모여 체결한 협정-옮긴이)' 같은 회담을 조직할 것을 제안한다.

이는 국가들을 대신하자는 것이 아니라 2008년 위기 이후 비참하게 좌초한 국가들에게 제자리를 찾아주자는 것이다. 지금은 세계의 국가들이 다시금 위대한 종교들의 경험과 지혜에 의지해야 할 때이다. 많은 한계와 약점을 지닌 우리가 우리 자신을 보호하고 존속시키기 위해서는 우리 곁에 있는 가장 신성한 것, 즉 위대한 종교의 경험과 지혜를 최대한 받아들이고 그 안에 자리 잡아야 한다.

어떤 종교든 인본주의 정신을 독점할 수는 없는 법이므로 같은 목적을 공유하는 한, 세속의 철학이라 할지라도 모두 그 회담에 참여하도록 해야 할 것이다. 오만이나 절대 권력, 특히 금융과 기술에 대한 자발적 열광은 끼어들 자리가 없다. 다만 타인에 대한 관심만이 필요하다. 같은 신을 섬기든 아니든 이 세상에서 같은 운명을 공유했으며 나약하고 죽을 수밖에 없는 운명임을 아는 인간에 대한 동포애만이 필요하다.

두 가지 이유로 시간이 촉박하다. 우선은 불균형이 확산되는 속도로 보아 심각한 불상사가 임박했기 때문이다. 그 다음으로는 로마 가톨릭교회가 최근에 지도자를 임명했는데, 그에게 공감하는 세계인이 12억 명이라는 전체 가톨릭 신자 수를 훨씬 넘어서고 있기 때문이다. 그런데 그 교황은 경제와 관련하여 독특한 말씀을 전하고 있다. 그리고 단지 자신의 본산에 칩거하며 '신자'들만이 그 말을 듣기를 원하지 않는다. 교황은 '공동의 집을 돌보는 것에 관한' 그의 회칙에서 "이 지구에 살고 있는 모든 이를 대상으로" 호소하고 있다.[2] 경제적 불균형과 부당하다는 의식에서 비롯된 순전히 정치적인 특정 의제들이 종교적 충돌이라는 환상을 불러일으키면서 세상을 격렬한 소용돌이에 몰아넣고 있는 오늘날의 세태에 프란치스코 교황의 행적과 인품이 희망을 던져주고 있다. 바로 평화와 모두를 위한 행동에서 감지되는 희망이다. 그리고 우리 경제를 더욱 인간적으로, 우리 사회를 더욱 살기 좋게 만들 수 있으리라는 희망이다.

• • •

2   회칙 《찬미받으소서 *Laudato Si*》, 3항.

그 방도는 다음과 같다.

장벽의 발치에 선 교황

한 분의 교황이 세상의 모습을 바꿀 수 있을까? 성 베드로나 그 뒤를 이은 265명의 교황들까지 거슬러 오르지 않더라도 최근의 역사가 그 가능성을 암시하고 있다.

요한 바오로 2세를 언급하는 것으로 충분하다. 그는 동유럽 공산주의의 붕괴와 소련의 몰락을 이끈 장본인 가운데 한 분이다. 1979년부터 1987년까지 여러 차례 폴란드를 방문하여 레흐 바웬사가 이끄는 연대자유노조Solidarność 운동을 공식적으로 지지하면서 철의 장막에 처음으로 균열이 생기게 했다. 이를 이끌었던 또 다른 위대한 장본인 미하일 고르바초프는 훗날 "교황이 아니었다면 동유럽에서 벌어졌던 일이 절대 가능하지 않았을 것이다."[3]라며 이런 사실을 흔쾌히 인정했다.

그런데 111명의 선거인 추기경단이 우연히, 아니면 실수로 이 젊은 폴란드인 주교(교황 임명 당시 58세)를 자신들의 최고 지도자로 선택했다고 생각할 수도 있겠지만, 어쨌든 그 선택은 가톨릭교회의

• • •

3 미하일 고르바초프,《회고록*Mémoires*》(Paris, Éditions du Rocher, 1997.)

분명한 의지였다. 즉, 인간의 존엄과 자유를 가치 없는 것으로 치부하는, 20세기의 가장 냉혹하고 위험한 독재 권력 가운데 하나를 '내부로부터' 무너뜨리고자 함이었다.

공산주의가 무너지고 사반세기가 지난 이즈음 가톨릭교회의 새로운 지도자인 프란치스코 교황은 인간의 존엄과 자유에 반하는 어떤 장벽, 어떤 전체주의를 무너뜨리려 하는 것일까?

나의 바람은 오늘날 우리 모두가 직면하고 있는 장벽을 무너뜨리는 데 교황이 기여했으면 하는 것이다. 1924년에 에두아르 에리오Édouard Herriot가, 또는 1936년에 인민전선이 대적한 '돈의 장벽'을 말하는 것은 아니다. 당시의 '돈의 장벽'이란 계급투쟁과, 타자 및 부자들에 대한 증오의 기운이 감도는 것이었는데, 이런 증오는 20세기 공산당 독재에 기초를 두고 있었다. 내가 말하는 것은 이와는 다른, 21세기에 맞닥뜨린 무분별한 경제의 장벽이다. 와해성 기술technologies disruptives(현존하고 있는 기술이나 제품을 뒤엎으며 업계를 완전히 재편성하고 시장 대부분을 점유하게 될 신제품이나 서비스를 가리킨다. 영어로는 disruptive technologies-옮긴이)과 미친 돈이 함께 압도하는 경제의 장벽이다. 와해성 기술은 엄청난 발전을 불러오지만 우리의 정체성과 인간의 한계를 심각하게 침해한다.

세계화를 재촉하는 이 금융과 기술의 이중나선 속에 갇히면, 인간 사회는 변화의 규모와 속도에 압도당한 정부의 지원 아래에서 그 방향으로 발맞춰 나아가기 위해 발버둥 치게 된다. 이때 세계 도처에서 예외 없이 하나의 진실이 모습을 드러낸다. 바로 경제 경쟁의 '승자'가 점점 줄어든다는 것이다. 그리고 승자와 패자 사이의 간극은 계속해서 더 벌어진다.[4] 각 사회 안에서, 그리고 나라들 사이에서 긴장과 불안 역시 증폭된다.

이 때문에 20세기는 가장 원초적인 국가주의와 부족주의로 회귀하는 시기가 되었다.

바로 이 지점에서 새 교황에게 기대를 갖게 된다. 장벽의 발치에서, 꿈쩍도 하지 않고 버틸 것만 같은 장벽을 무너뜨리기 위해 최적의 지점과 시기에 일격을 가하는 것이 필요하다.

내 생각에는 그 지점이 뉴욕이다. 유엔 본부가 있는 곳이고, 월가를 중심으로 형성된 세계 금융자본의 본거지이기 때문이다. 그리고 최적의 시기는 바로 교황이 미국을 방문하는 시기이다.

. . .

4 "우리는 임계점에 도달했다. OECD 국가들 사이의 불균형이 측정을 시작한 이래 가장 크게 증가하고 있다." 즉, 30년 전부터 그래 왔음을 OECD 사무총장 호세 앙헬 구리아(José Ángel Gurría)가 불균형에 관한 2015년 5월 21일자 OECD 보고서에서 지적했다. OECD 34개 국가들 가운데 최고 부유층 10% 인구의 소득이 최빈층 10% 인구가 얻는 소득보다 9.6배가 더 높았다.

프란치스코 교황과 관련된 특별한 사실 하나가 내 희망과 확신의 근거가 된다.

　　프란치스코 교황은 무엇보다 여러 면에서 '최초'라는 면모를 지녔다. 유럽이 아닌 아메리카 대륙에서 온 최초의 교황이며, 최초의 예수회 교황이다. 이는 세속의 질서 속에서 단련되어 현실에서 도피하거나 현실을 이상화하지 않고 그 현실과 대면할 수 있음을 뜻한다. 또 프란치스코라는 이름을 지닌 최초의 교황이다. '가난한 이들의 자상한 형제'로 일컬어지는 아시시의 성 프란치스코와 같은 이름이다. 그 이름처럼 격식을 차리지도 않고 아무런 예고도 없이 가장 가난하고 불우한 사람들을 찾아간다. 세상 사람들이 보고 싶어 하지도 접촉하고 싶어 하지도 않는 마닐라의 빈민촌에서 서양의 가장 비인간적 교도소까지 몸소 찾아가는 것이다. 마지막으로, 교황으로 선출된 날 세계 12억 가톨릭 신도들에게 자신을 위해 기도해 달라고 부탁한 최초의 교황이다.

　　이런 행동은 자신을 높이기 위한 것도, 진심 없는 격식을 차리려는 것도 아니었다. 당시 교황은 절실하게 사람들이 자신을 위해 기도해주는 것이 필요했다. 나아가 지지가 필요했는데 매우 위험하고 혼란스러운 세상과 비슷했던 가톨릭교회를 변화시키는 행동에 나서고자 했기 때문이다. 그는 예수회 전통의 면면에 충실한 사람으로서 모순되고 불의한 질서를 변화시키는 데 주저하지 않았다. 아동 성추행 스캔들에서 바티칸 은행에 제기되는 의혹까지 교회의 아우게이아스 외양간écuries d'Augias 청소(권력과 부 주변에서는 악취가 나게 마련이다. 헤라클레스가 이 외양간을 청소하게 된 사정을 묘사한 그리스 신화의 비유-옮긴이)는 그의 몫이 되었다. 이혼한 사람들의 영성체를 금지하는 비인간적인 조치, 복음서의 구원 메시지와 상반되는 조치가 과연 정당한지에 관해 문제제기를 하는 것도 그의 몫이 되었다. 2015년 3월 극도로 위험한 마피아의 본거지 나폴리에서 '죽은 동물 시체처럼 악취를 풍기는 부패'에 대해 고발하는 것도 그의 몫이 되었다. 2014년 성탄절 이틀 전에 로마 교황청의 사제들이 15가지 '질병'[5]을 앓고 있다고 우려하며 그들을 질타하는 것도 그의 몫이었다.

프란치스코 교황은 수적으로 많을 뿐 아니라 물리적으로도 가까이에 적을 만드는 데에 주저하지 않았다.

위험을 무릅쓰는 교황의 행적은 수많은 지지자들을 만들어냈을 뿐 아니라 그 영향력은 가톨릭의 범위를 넘어 전 세계로 파급되었다. 교황은 이런 영향력을 이용하여 환경과 기후 같은 지구 전체

• • •

5 '영적 알츠하이머', 무관심, '장례식에 간 듯한 표정', 쑥덕공론, 자만심, 비방, '세속적 이익 추구', 뽐내기 등. 전체 목록은 다음을 보라. http://www.la-croix.com/Religion/Actualite/Pape-Francois-le-texte-integral-du-discours-des-15-maladies-2014-12-24-1258379.

의 문제들에 관심을 쏟았다. 교황을 비방하는 사람들은 이를 두고 도를 넘는 행위라고 비난했다. 이 역시 의심할 여지 없이 다극화되고 분열된 세계의 반영으로, 세계적 지도력이 부재한 현실을 나타낸다. 세계 제일의 경제적·군사적 영향력을 지녔고 앞으로 그 상태를 한동안 이어갈 미국의 대통령은 누가 됐건 21세기를 지배하는 미친 돈과 기술 문제에 대응하는 데에 그 영향력이 크게 축소되었다. 미국 민주주의는 오히려 두 힘을 억제하고 맞서 대결하기에는 그 두 힘에 너무 많이 의지하게 되었다. 오늘날 미국 선거의 주요 후원자가 된 실리콘밸리나 월가의 기업과 지도자들에 대항하는 대통령의 모습을 상상이나 할 수 있을까?[6]

곧 알게 되겠지만 알려지지 않은 이유들 때문에, 폐가 한쪽밖에 없는 78세의 프란치스코 교황은 절박한 마음으로 열의를 끌어내고 있다. 자신의 말을 듣기 원하는 사람들에게 반복하여 자신의 임기가 짧을 것이라 말하며[7], 개혁의 과업을 달성하기 위해 남아 있는 시간을 헤아리고 있다.

구세계 팔레스타인을 떠나 로마로 간 성 베드로처럼 프란치스

• • •

6 책임정치센터(Center for Responsive Politics)의 자료에 따르면, 2012년 선거 과정의 중요한 세 부문의 기여자는 금융계, 변호사 집단, 부동산업계였다.

7 "내 교황직은 짧을 것이라는 생각이 든다. 4~5년, 아마도 2~3년이 될지도 모른다." 임기가 시작된 지 약 2년이 지난 2015년 3월 14일에 교황은 이렇게 고백했다.

코 교황이 오늘날 세계를 지배하는 제국의 중심에 찾아가는 역사적 순간을 맞이했다. 그곳은 우리의 생물학적 정체성을 변화시키려는 신기술과 야만으로의 회귀, 금융 과잉과 인간 존재의 허약성이 압도하는 세계다.

1장

지금, 미친 경제의 벽 앞에 서 있는 우리

"우리는 더 이상 시장의 눈먼 힘과 보이지 않는 손을 신뢰할 수 없습니다.
정의의 증진은 경제 성장을 전제로 하면서도 그 이상을 요구합니다.
이는 더 나은 소득 분배, 일자리 창출, 단순한 복지 정신을 넘어서
가난한 이들의 온전한 진보를 분명히 지향하는
결정, 계획, 구조, 과정을 요구합니다.
저는 어떤 무책임한 대중영합주의를 제시하려는 것이 결코 아닙니다.
그러나 경제는 더 이상 치유책이 될 수 없습니다.
이윤을 창출하고자 노동력을 줄여 노동자들을 배제된 이들의 대열에
합류시켜 버림으로써, 경제는 새로운 독이 되고 있습니다."

─ 《복음의 기쁨》 204항 ─

프란치스코,
월가의 벽에 충격을 가하다

　　2014년 가을, 우리는 바티칸 서명의 방에 모여 세간의 평으로는 바티칸에서 가장 영향력 있는 두 명의 추기경 주위에 둘러앉아 있다. 박물관은 몇 시간 전에 문을 닫았고, 서른 명쯤 되는 우리 말고는 아무도 없다. 여느 때와는 전혀 다르게 이 늦은 시간에 우리는 라파엘로의 프레스코화를 쳐다보고 있다.

　　내 주위에는 고위 성직자 몇 명과 전직 이탈리아 총리 두 명이 있다. 또 이탈리아 금융과 기업계의 주요한 기관 지도자 몇 명과 영향력 있는 남성과 여성들도 함께 자리하고 있다. 이들은 모두 가톨릭교회와 관련된 일에 참여하고 있다는 공통점이 있다.

　　주위를 감도는 침묵과 미광 속에서 라파엘로의 프레스코화가 비장하게 다가온다.

　　모두가 목소리를 높이지 않고 정중하게 의견을 표명하는 이 그림자극을 나는 지켜본다. 침묵, 완곡한 말투, 미묘한 표정 변화. 가톨릭교회 권력의 이 부속실 벽은 수세기 전부터 많은 비밀과 역사적 결정, 저속한 장면들을 지켜주는 가림막이 되어왔다.

　　2014년 여름, 나는 바티칸으로부터 워싱턴D.C.와 뉴욕에 관련된 결정의 목격자가 될 것을 요청받았다. 그 결정이란 바로 프란치스코 교황이 2015년 9월에 미국을 방문해 연설을 하고 이를 통해 전 세계 경제, 정치 지도자들의 의식과 미래에 대한 정책을 변화시킬 수 있도록 한다는 결정이었다.

권력이 있는 곳이라면 어디든 그러하듯, 바티칸 역시 사적인 야망과 세력 경쟁이 집중되어 있는 곳이다. 비밀스러운 세계와 거기에 머물러야 하는 사람. 어떤 아웃사이더(나도 그 가운데 하나이지만)가 이렇게 중요한 결정 과정의 비밀을 폭로하는 것이 정당할 수 있을까? 따라서 나는 이 주제에 관해 바티칸 정부의 국무원, 외교단인 교황 대사들, 예수회, 다양한 정부 조직들, 특히 경제·사회(정의평화평의회)·문화에 관련된 임무를 맡은 기관들 사이에서 벌어졌을 토론 내용에 대해 별다른 것을 이야기할 수는 없다. 내가 이야기할 수 있는 것은, 예를 들면 교황청 문화평의회는 현대 세계를 특징짓는 것과 관련된 일, 즉 과학, 경제와 금융, 인터넷과 사회망, 대중매체, 종교적 무관심과 무신앙 등과 관련된 일을 한다는 것 정도다.

그러나 이 결정이 이루어진 배경을 살펴보면 더 많은 것을 이해할 수 있다.

애초에 필라델피아에서 개최되는 세계가정대회로 국한했던 프란치스코 교황의 미국 체류를 확대하자고 제안하기 위해 '교섭'하는 몇 주 동안 나는 특별한 인물들을 많이 만났다. 어둠의 인물, 권력층과 요직에 있는 인물들이었다. "장례식에 온 듯한 표정"을 한 사람들도 있었는데, 프란치스코 교황이 2014년 성탄절을 맞이하여 교황청에서 행한 강론에서 언급된 이들이었다. 개중에는 빛을 발하는 사람들도 있었다. 바티칸은 자신을 둘러싸고 있는 로마와 이탈리아의 모습을 닮아 있다. 어두운 그림자와 눈부시게 환한 빛. 꿈같은 신화가 아니라 생생한 역사가 벽들에서 스며 나오고 있다. 바티칸 시국의 44헥타르 작은 면적에서 돌을 들어 올리고 흙더미를 파 올리면 비극으로 점철된 그 역사가 모습을 드러낼 것이다. 예를 들면, 그리스도의 으뜸가는 제자 베드로의 유골이 거기서 나올 것이다. 베드로는 칼리굴라 경기장에서 십자가에 거꾸로 못 박혀 순교했다. 그곳은 1940년에 우연히 발견되어 오늘날 숭고한 바티칸 정원이 되었다.

베드로 무덤에서 가까운 보르고 산토 스피리토 4번지에 '예수회 총원Curia Generalizia SJ' 본부가 있다. 그 건물은 대체로 로마 행정부 청사들과 닮았다. 나는 그곳을 방문한 어느 날, 세계적으로 신앙인 18,000명을 헤아리는 한 수도회의 새로운 책임자 가운데 한 분과 마주쳤다. 산뜻한 한낮의 기운이 감돌았고 주위에는 여행객들이 많이 있었다. 근처 거리들은 아이스크림을 먹거나 셀프카메라 찍기에 여념이 없는 예쁜 여성들로 활기가 넘쳤다. 그 가운데 하나인 '화해의 길'은 1936년에 이탈리아 국가와 바티칸 사이의 '화해'(1929년 라

테라노 조약)를 축하하기 위해 만들어진 거리다. 내가 만난 그분은 면 셔츠와 여름 바지에 샌들 차림으로 매우 꾸밈없는 복장을 하고 있었다. 예전에 자신의 동료였고 지금은 교황이 되었지만 산타 마르타의 집[8] 카페테리아에서 볼 수도 있는 호르헤 마리오 베르골료Jorge Mario Bergoglio(프란치스코 교황의 이름-옮긴이)를 본받은 겉치레 없는 모습이었다.

처음에는 일상에 대해 가벼운 분위기로 대화를 나눴다. 그러다가 그분이 속한 수도회의 '인적 자원' 관리, 특히 세계에서 가장 위험한 장소에서의 관리에 대한 이야기로 이어졌다. 75세의 네덜란드인 신부 프란스 판 데르 루흐트Frans van der Lugt가 시리아의 홈스 자택에서 무자비한 지하드 단원에게 암살당했다고 한다. 50세부터 시리아에서 살아온 분이었는데, 그분이 세상을 떠나기 9개월 전에는 그의 이탈리아 동료 파올로 달올리오Paolo Dall'Oglio가 실종되었다고 한다.

지난 10년 동안 전 세계에서 230명의 가톨릭 사제(사목자)들이 암살당했다.[9] 그 수는 늘어나고 있으며 메소포타미아의 가장 작은 본당의 사제에서 라틴아메리카의 대주교에 이르기까지 이런 일이 전 세계에 걸쳐 일어나고 있다. 심지어는 교회 안에서 벌어지기도

• • •

8 바티칸의 주거식 호텔. 검소하고 엄숙한 호텔로, 프란치스코 교황은 이곳을 자신의 거처로 삼았다.

9 출처 : *Agenzia Fides*(선교 활동과 관련된 업무를 담당하는 로마 교황청 심의회인 인류복음화성 기관지-옮긴이).

한다.

엘살바도르 군사정권에 맞서다가 1980년 3월 24일 미사 중에 암살당한[10] 로메로 대주교에게 시복(교회가 공경할 복자로 선포하는 일-옮긴이)을 선포한 프란치스코 교황은 이런 상황을 잘 알고 있다. 그런데 교황은 왜 직접 커피를 내려 마시고, 교황청의 화려한 거처가 아니라 소박한 산타 마르타의 집에서 지내는 것일까? 순전히 자신을 드러내기 위한 방편으로 격식을 거부하는 것일까? 아니다. "왜냐하면 만약 누군가 교황을 독살하려 한다면 산타 마르타의 집 구내식당에서 매일 식사를 하고 커피를 마시는 150명 모두를 독살하게 될 위험이 있기 때문이죠." 그 사제는 나에게 이렇게 설명했다. 사실 교황청의 보안에는 문제가 있다. 특히 요한 바오로 1세가 교황으로 선출되고 한 달이 지나서 급작스럽게 선종한 후에는 더욱 그렇다. "한 사람에 대한 암살은 위장할 수도 있습니다. 하지만 150명의 목숨이 연루된다면 상황은 훨씬 복잡해집니다. … 교황을 보호하는 것은 바로 다른 사람들인 셈입니다."

• • •

10 전날, 오스카 로메로(Óscar Romero) 대주교는 다음과 같이 이 군대 병사들의 양심을 일깨우는 설교를 했다. "신의 법을 거스르는 명령에 병사는 따르지 않아야 합니다. 부도덕한 법에는 아무도 따를 필요가 없습니다. 여러분의 양심을 다시 깨우고 죄악의 명령이 아니라 여러분의 양심에 따라야 할 때가 왔습니다. 신의 이름으로, 고통받는 민중의 이름으로, 그들의 탄식 소리가 날마다 커지며 하늘에까지 이르는 지금 나는 여러분께 간청하고 또 간청합니다. 그리고 신의 이름으로 명합니다. 억압을 멈추시오!"

로마와 바티칸에서 희극은 결코 비극과 멀리 떨어져 있지 않다. 영화 〈그레이트 뷰티〉의 시작 장면을 보면 중국인 여행객들이 마을의 눈부신 아름다움과 온기에 푹 빠져든다. 나는 사제인 친구와 함께 이탈리아 전직 총리를 만나기 위해 늦여름의 햇볕이 내리쬐는 퀴리날레 언덕을 오르며 이 장면을 떠올렸다. 성직자도 아니고 베를루스코니 추종자도 아닌 이 상원의원은 매우 좋은 평판을 얻고 있었고 교황청에 큰 영향력을 미치는 것 같았다. 프란치스코 교황이 '뉴욕을 방문하여' 선량한 사람들과 만난다는 생각을 현실화하는 데 그의 지원이 결정적 역할을 할 것이다.

　　퀴리날레 궁전에 다다르자 번쩍이는 제복을 입은 헌병 두 명이 경계를 서고 있었다. 그리 충실해 보이지는 않았다. 아름다운 로마 여성이 그들 앞을 지나가자, 헌병들이 잠시 자신들의 임무를 잊은 채 경쾌한 목소리로 그 여성을 치켜세운다. 그 여성이 돌아서더니 기분 좋은 듯 그들과 대화를 나눈다. 헌병들은 레이밴 선글라스를 고쳐 쓰면서 거드름을 피우기 시작한다. 회색 사제복을 입은 성직자 한 명과 내가 다가서는 모습을 볼 때까지…. 그들은 황급히 차려 자세를 취했다.

　　로마에서는 그 누구와도 농담을 할 수 있다. 거드름 피우는 대추기경을 조롱할 수도 있고 또 자주 그렇게 한다. 그러나 소명을 지닌 한 사제의 소박함에는 아무도 조롱을 보내지 않는다.

그 사람은 내 사제 친구들 가운데 하나인 로랑 마자^{Laurent Mazas}이다. 우리는 몇 년 전부터 서로 알고 지냈다. 예전에 로마에 체류할 때 그는 나를 위해 외부에 거의 개방되지 않는 교황청의 몇몇 문들 가운데 하나를 열어주었다. 정원으로 이어지는 문이었는데 원칙적으로 교황만이 산책할 수 있게 정해진 곳이었다.

바티칸의 비밀 속을 돌아다니기 위해서는 문을 열어줄 안내자가 필요하다. 결정이 실제로 이루어지는 장소들, 그 결정에 실질적 영향을 미치는 사람들은 언뜻 보면 잘 드러나지 않을 뿐 아니라 그리 쉽게 접근을 허락하지 않기 때문이다. 바티칸에서 가장 중요한 기관 가운데 하나인 교황청 정의평화평의회의 문지방을 넘는 데만 몇 주를 보내야 했다. 바티칸 시국 담장 밖인 트라스테베레의 산타 마리아 구역에 있는데도 그렇다. 교황청 정의평화평의회는 기이한 다각형으로 이루어진 산 칼리스토 궁전에 있는데, 교회의 사회 교리를 전파하는 책임을 맡고 있다. 그곳에는 교황청 이주사목평의회도 함께 있는데, 이 부처는 세계 2억 3천2백만 명을 대상으로 매우 폭넓은 활동을 하는 곳이다.

'문의 안내자'인 내 친구 로랑 마자는 아름다운 세계적 솔선 행위를 주도한 인물이다. '이교도들의 광장'이라는 계획이었는데, 이는 가톨릭교도와 다른 모든 종교의 신도, 신앙 없는 사람들 사이에 대화를 촉진하기 위한 것이었다. 야만인들이, 종교가 서로 반목하길 원하던 시기에 대화를 장려하기 위해 요한 바오로 2세가 솔선해서 나섰던 아시시의 정신[11]에서 영감을 얻었다. 내 친구는 사도 성 요한 수도회communauté Saint-Jean의 '작은 회색인'으로 바티칸에 널리 알려져 있다. 추기경복의 앞자락을 겹쳐 입고, 권력을 쥔 요직에 있는 이들이 흔히 침울한 낯빛을 하고 있는 이 세계 가톨릭교회의 본부에서, 사부아 출신에 스키도 잘 타는 이 친구는 회색 수도사복을 입고는 쾌활하게 모든 소모임들 사이를 활보하고 다닌다. 워낙 독특해서 멀리서도 금방 눈에 띈다.

그는 나에게 최근 활동에 대해 들려주었다. 법치국가로서의 위상과 관련된 팔레르모 '광장'이었다. 그는 도시 전체의 마피아 세계 두목들에 맞서기 위해 그들에게 살인은 그것이 단 한 사람일지라도 인간성을 완전히 거스르는 범죄임을 상기시켰다. 그리고 마피아와 교회의 몇몇 지역 교구 사이에 역사적으로 이어져 내려온 음침하고 온당치 못한 연계를 끊기 위해 인권과 인간 양심의 중요성을 알려주었다. 하지만 이런 가르침이 모든 이들에게 전해지지는 않았다. "시실리나 칼라브리아의 여러 마을에서 거행되는 성주간聖週間 의식 때에는 마피아 두목들이 자신이 저지른 죄악의 크기에 비례하는 두께의 초를 들고 행진하는 것이 전통이네. 그들이 손에 든 그 엄청난

• • •

11 1986년 10월 27일에 12개 세계 종교의 유력 인사들이 아시시에 모여 함께 평화를 위한 기도를 했다.

크기의 초를 보면 그해에 암탉 한 마리 정도밖에는 훔치지 않았다고 봐야 하지. 우리가 멈추게 하려는 게 바로 그걸세. 몇몇 신부들의 암묵적 동조 속에서 별로 애도 쓰지 않고 죄를 벗어버리는 위선적인 행위 말이야. 속죄는 책임감에서 시작되는 거잖아. 스스로 죄인임을 알아야 하는 거고."

게다가 최근에 그는 '어린이 광장'을 조직했다. 나폴리 근교의 가장 위험한 곳(영화 〈고모라〉에 나오는 것처럼)에서 사는 아이들 500명이 특별히 임대한 고속전철을 타고 이 행사에 참가했다. 이 행사를 위해 다시 연 바티칸 역에 내린 어린이들은 여러 지역의 크고 작은 마피아 조직 마약 밀매인들의 자녀로서 어둡고 유혈이 낭자한 미래가 예정된 아이들이었다. 이들이 프란치스코 교황과 만나러 온 것이다. 교황은 늘 그렇듯이 자신의 일정을 급히 변경하여 모든 시간을 이 아이들에게 쏟았다. 그리스도교인에게 있어 상처받기 쉬운 아이들만큼 중요한 존재는 없다. 그리고 신은 이 아이들 역시 그렇다는 점을 알고 있다.

2014년 6월의 어느 아침, 나는 화해의 길 5번지에 있는 마자 신부의 사무실에 들렀다. 그런데 평소와는 다르게 무장 헌병대가 검문을 하고 있었다. 사무실에서 일하는 추기경 가운데 한 명에 대해 전날 매우 구체적인 정황으로 이슬람주의자들의 위협이 있음이 감지되었다는 것이다. 문화평의회 사무실이었다. 사실상 야만인들에게 문화와 지식만큼 위험한 것은 없을 것이다. 마자 신부는 그 위협이 자신의 일을 결코 가로막지 못할 것이라 여겼다. "맞아, 우리가 훼방을 놓고 있으니 우리가 표적이지. 의심의 여지가 없어. 하지만 그게 우리 그리스도교인들의 임무지." 그는 사무실에 걸린 십자가를 가리키며 말했다.

대화는 프란치스코 교황에 관한 것으로 이어졌다. "그런데 교황님 참 굉장해! 우리에게 기회가 온 거야. 이제 전 세계가 교황님을 이해하게 되었어. 미사에 참석하는 가톨릭 신도든 그렇지 않은 신도든, 그리스도교인이든 아니든 말이야." 나는 '상황을 변화시키는' 새로운 교황의 힘을 느끼며 그리스도교인으로서 갖는 나의 희망에 대해 그에게 일일이 늘어놓았다. 동성애자들의 '심판에 찬성하는 나는 누구인가'라는 문제제기부터 교황이 충격을 가한 팔레스타인 베들레헴[12]의 벽까지, 교황의 행동과 말은 이 세상에 커다란 반향을 일으켰다. 여러 단절들, 너무도 성급히 부당한 이유들로 사람들 사이에 높이 세워진 벽들에 대해 가톨릭교회 신자들을 필두로 많은 사람들이 처음부터 다시 생각해보도록 했다. 무관심의 벽에서 모든 배척의 벽까지.

• • •

12 "신에게 평화의 선물을 기원하는 열성적인 기도를 함께 올리기 위해" 팔레스타인 자치정부 대통령 마흐무드 압바스(Mahmoud Abbas)와 그 직위에 상응하는 이스라엘의 시몬 페레스(Shimon Peres)를 바티칸에 초청하기에 앞서, "나는 이 기도의 만남을 행하기 위해 바티칸의 내 집을 제공한다."

프란치스코 교황이 정말로 세계 경제 조직의 동력을 차단하지 않으면서 21세기 미친 경제의 벽을 무너뜨리는 역사적 역할을 맡게 된 걸까? 마치 요한 바오로 2세가 로널드 레이건의 도움을 받아 베를린과 공산주의 장벽을 무너뜨린 것처럼? 세계 경제의 승자와 패자 사이에 빠르게 세워지는 냉혹한 벽에, 그리고 앞으로 팽배할 알고리즘에 균열이 생기게 할 것일까? 투자하고 소비하고 생산하는 이 로봇들은 점점 더 우리 대신 결정을 내리는[13] 위치에서 자신의 역할을 해가고 있다.

균열. 인간 양심의 균열. 경제와 기술로 말미암아 인간 존재와 인간 사회의 우월성에 일어난 균열.

"하지만 어떤 벽에 충격을 가하고 균열을 일으켜야 할까? 물론 월가의 벽이다." 점점 더 인간들을 배척하고 그들 사이의 불평등을 심화시키는 경제의 핵심부를 강타해야 한다.

6개월 후, 유엔이나 미 의회의 연단에서 또는 뉴욕에서 가장 열악한 구역들[14] 가운데 하나에 대한 상징적 방문을 통해 '월가의 벽에 충격을 준다'는 다소 무모한 생각이 현실이 되었다. 교황청의 외

• • •

13 예를 들면 바이탈(생명과학 발전을 위한 투자 타당성 검토 툴Validating Investment Tool for Advancing Life Sciences, VITAL) 알고리즘이 있다. 이것은 현재 홍콩에 있는 벤처 투자회사 딥 날리지 벤처스의 이사다. 〈곧 로봇들이 우리 이사회에〉 (*Les Échos*, 2014. 5. 21.) 참조.

14 뉴욕, 필라델피아, 워싱턴D.C., 어딘가에 있는 교도소를 포함한다.

교를 통해, 그리고 워싱턴의 교황 대사 비가노^{Vigano} 대주교와 함께 이 역사적 방문을 성사시킨 중심인물인 뉴욕의 유엔 주재 교황 대사 아우자^{Auza} 대주교의 목소리를 통해 성사된 것이다.

이 생각이 현실이 되는 과정에서 내가 한 역할은 거의 없다. 나는 성직자가 아니다. 교회에서 어떤 직책도 역할도 맡고 있지 않다. 교황청이 운영되는 구조는 복잡할 뿐 아니라 유동적이다. 나는 이런 점을 2014년 가을에 '프란치스코 교황의 뉴욕 방문' 계획이 그렇게 터무니없는 것이 아니라는 점을 설득하는 과정에서 실감했다. 지금처럼 교황이 바티칸의 통치 방식을 완전히 뒤엎으려고 할 때는 특히나 더 그렇다.

물론 우리가 바랐던 결정적인 순간들이 있기는 했다. 교황청 서명의 방, 라파엘로의 프레스코화 아래에서 비공식적인 대화를 주고받던 순간, 적절한 때에 훌륭한 추기경의 밝은 귀에 대고 속삭이던 순간 말이다. 그 다음은 내 범위를 훌쩍 넘어서는, 세속적이거나 종교적인 메커니즘에 맡기면 그뿐이다.

너무 늦기 전에
행동하기

내가 주장하는 단 한 가지는 2014년 가을에 교황청 문화평의회에 보내기 위해 쓴 글[15]에 담겨 있다. 나를 헐뜯는 일부 사람들을 본 떠 다소 과장되게 밝힌 내 견해는 우리 눈앞에서 현실로 나타나고 있다. 격차, 그리고 불공평하다는 느낌을 증폭시키는 경제에서의 경쟁과, 그에 따른 사람들과 국가들 사이의 폭력으로 말미암은 우리 사회의 인간성 상실이 그것이다. 그런 인간성 상실이 빠른 속도와 엄청난 규모로 일어난다는 점은 분명하다. 그리고 이런 염려스러운 현실에 대해 행동할 수 있는 사람들, 즉 정치·경제·금융의 책임자들은 이제 바티칸 담장 밖에, 그리고 내 글을 읽는 좁은 범위의 사람들 밖에 자리 잡고 있다.

그런데 이러한 우려스러운 일이 2014년 가을부터 일어난 것일까? 우리는 경제와 사회의 금융화와 디지털화에 대한 지배력을 상실했다. 우선 금융화를 보자. 2015년 초, 유럽중앙은행은 국채를 무한 매입하는 '양적완화'에 온 힘을 다해 매달렸다. 이는 몬테크리스

. . .

15 이에 대해서는 2장(66쪽)에서 다시 언급할 것이다.

토 백작이 당글라르 은행에게서 받은 무한 신용처럼 결국 파산을 불러오고 말 것이다.[16]

머지않아 큰 나라들의 채권에 마이너스 이자나 무이자가 붙을 정도로 많은 돈이 풀리고, 빚에 허덕이는 나라들은 충분한 경제 성장을 통해 그 빚을 갚는다는 전망을 잃게 될 것이다. 만약 여러분이 2015년 4월에 독일에 100유로를 빌려줬다면 10년 뒤에 더 낮은 액수를 돌려받게 될 것이다. 당신이 같은 금액을 이탈리아(채무가 국내 총생산의 132%에 달한다[17])에 빌려줬다면 이자율이 겨우 1.7%밖에는 되지 않을 것이다.

마이너스 또는 무이자율. 금융계는 혼란에 빠져들고 수익 없이 고통을 겪게 될 것이다. 은행과 '프라이빗 에쿼티' 펀드(소수의 투자자들에게 모은 자금을 운용하는 사모방식으로 자금을 조달하여, 주로 새로 창업한 회사나 구조조정이 필요한 기업, 부실채권, 그밖에 기대수익률은 높지만 리스크 또한 높은 곳에 투자하는 펀드-옮긴이) 회사에서 아무리 많은 보너스와 특별수당을 받아가더라도 화폐 과잉을 흡수하기에는 충분치 않다. 그런데 이런 화폐 과잉을 감춘 채 그저 돈을 쌓아놓고 있기 위해 온갖 일을 할 뿐이다. 그 돈이 정말로 필요한 가난한 사람들이나 빚을

• • •

16 알렉상드르 뒤마의《몬테크리스토 백작Le Comte de Monte-Cristo》

17 출처 : 이탈리아 통계청(ISTAT)

많이 진 나라들 수중으로는 절대 들어가지 않는다.

기업들에서도 마찬가지다. 2014년에 미국의 상위 500대 상장 기업(스탠더드 앤드 푸어스사 기준)들은 1조 달러의 이윤을 거둬들였다.[18] 그들은 그 돈으로 무엇을 할지조차 모른다. 350억 달러의 배당금을 나눠 갖고 자기들의 주식 550억 달러어치를 다시 사들였다(감자 행위). 그런데도 아직도 금고에는 돈이 넘쳐난다. 2014년 말에는 1조 4천억 달러로 기록적인 수준에 이른다.[19]

이것이 나에게 상담하러 오는 고객들이 애를 먹는 딜레마다. '남는 돈을 어떻게 해야 할까? 더 이상 어디에 투자해야 할지도 모르는 주주들에게 주어야 할까? 아니면 장기적 성장 전망이 매우 불투명하더라도 다시 경제에 투자해야 할까?' 세계 경제의 과잉유동성은 박탈당한 많은 사람들을 내버려둔 채 앞으로 나아가려는 계획과 욕망이 곤궁에 빠졌다는 점을 가까스로 가리고 있다.

2015년 2월에 미국에서 한 달간 지내면서 나는 한 가지 점에 확신이 들었다. 서브프라임 위기와 비슷한 사건이 재발하리라는 점을 통계와 행위들에서 엿볼 수 있었던 것이다.[20] 2008년 이전처럼

• • •

18 출처 : 스탠더드 앤드 푸어스 다우존스 지수(2015. 3. 23.)

19 출처 : 팩트셋(Factset) 보고서 〈자금과 투자 Cash & Investment〉 (2015. 3. 19.)

20 〈서브프라임 위기, 시즌 2 Crise des subprimes, saison 2〉 (Les Échos, 2015. 3. 5.)

다시 미국인 신용 소비의 40%가 일자리, 주거, 가족을 잃어 삶이 망가진 최빈곤층에서 이루어지고 있었다. 그들에게 적용되는 이자율은 마이너스가 아니라 종종 15%를 웃도는 폭리 수준이다.

그렇다! 피라미드의 상층에 마이너스 이자율의 돈이 넘쳐난다. 그리고 오늘날 유행하는 법칙인 '낙수효과'에 따르면 그 돈의 일부가 가난한 이들에게 흘러든다. 그런데 이상하게도 가난한 이들은 그 돈을 얻으려면 매우 큰 대가를 지불해야만 한다. 바로 이자다.

따라서 (미국 은행들이 결코 되돌려 받지 못하리라는 걸 잘 알고 있는) '유해한' 대출 상품들이 새로운 세계 경제에 물을 대줄 것이다. 이자율이 매우 낮은 환경 속에서 기관 투자가들(특히 퇴직기금과 보험회사)이 안간힘을 다하여 고수익을 안겨주는 상품을 찾아다니는 만큼 그런 대출 상품들은 더 많이 요구된다. 그런데 고수익을 내려면 더 큰 위험을 감수해야 한다. 그리고 2008년의 경우처럼 종종 '부패한' 상품까지 모르는 척, 못 본 척 선택하게 된다.

실망스러운 경제 성장률이라는 현실이 그런 금융의 키메라들을 몰아낼 때까지 그런 상황은 계속 이어질 것이다. 미국이나 다른 곳에서 시장의 불상사가 생길 것이다.[21] 그러면 불공평한 세상과 제

• • •

21 '불상사'의 위험은 오늘날 특히 미국과 중국에 존재한다(많은 채무를 지고 있고 이자율이 매우 높은 상황에서 기대에 미치지 못하는 성장률을 보인다). 그리고 유로존 국가들이 '도미노 효과'처럼 줄줄이 파산할 위험성도 과소평가되고 있다. 몇몇 유럽 금융 기관들(독일의 지방 은행)의 취약성, 은행 간 시장의 독특

도에 대한 불만이 일어날 것이다. 부자들의 풍요로움은 확대되고 가지지 못한 이들의 불안정성은 더 심해지기 때문이다. 2015년 3월 포브스지는 세계 억만장자 수의 증가를 축하했다. 총 1,826명으로 전년도에 비해 290명이 늘었다. 조금 더 일찍이 비정부기구 옥스팜 Oxfam은 다보스 포럼에서 2016년에 세계 인구의 1%가 나머지 99% 보다 더 많은 부를 차지할 것이라고 강조했다.

'낙수효과'의 옹호자들은 자기들 신조를 목청 높여 말하지만 근 거 없는 고집일 뿐이다. 그런 '이로운 효과'는 부를 쌓아놓고 감추기 에 급급한 몸집 큰 경제 주체들의 실제 행위와 선동 때문에 가능하 지 않게 되었다. 탈세와 관련된 것을 제외한 과도한 재정 합리화는 수십조 달러의 부를 최상층 부자들에게 집중시킨다.[22]

여러 유형의 금융자산과 관계된 거품경제 구조, 특히 특정 주식 시장과 세계적 대자본의 고급 부동산 시장, 국제 예술품 시장 역시 판매고와 수상쩍은 매매 계약이 증가하는 가운데 그런 효과를 불러 온다. 세계 전역의 중앙은행이 화폐 발행을 통해 위에서 만들어낸 인위적이고 수동적인 부는 그런 가치의 덫 속으로 빨려 들어간다. 그 부는 아래로 내려오지 않고 한 나라나 세계의 사회 전체에 골고

• • •

하고도 역설적인 유동성 부족(솔벤시 2 Solvency 2, 바젤 3 Bâle 3) 역시 위험의 원천이다.

22 조세정의 네트워크(Tax Justice Network)가 2014년 6월에 발표한 연구에 따르면 21~32조 달러가 조세 피난처에 은닉되어 있을 것으로 추산된다.

루 퍼지는 재분배 구조(국고)에서 철저히 빠져나간다.

이것이 지금의 현실이다. 그리스와 그 1천1백만 국민이, 가장 부유한 이들과 기관이 세금에서 빼가는 수십억 유로의 일부를 모으지 못하고 파산의 위험에 처했다. 그리고 동시에 매우 불투명하고 심한 조작이 행해지는 세계 예술품 시장은 5년 만에 그 규모가 두 배로 커졌다. 막대한 금액이 흘러들어갈 뿐 아니라 범죄 행위로 취득한 자금을 쉽게 세탁하는 데 이용하기 때문인데 총계가 2014년에 510억 달러에 이르렀다.[23]

2015년 세계 경제에서 낙수효과는 터무니없는 이야기다. 제2의 피카소를 기대하며 위안 삼아야 할까?[24] 독재로의 회귀를 포함하여 비극적 혼돈 상태에 영감을 받은 그리스인이, 그리스의 가장 부유한 이들에게서 버림받고 세계의 채권자들에게 고통을 당하는 새로운 '게르니카'의 지옥을 그리면 조금이라도 위안이 될까?

• • •

23 출처 : 〈2015 세계 미술 시장 보고서 2015 Art Market Report〉, 유럽순수미술재단(European Fine Art Foundation.)

24 이 책을 집필하고 있는 중에 피카소의 그림 '알제의 여인들'이 뉴욕 크리스티 경매에서 1억 7천4백만 달러에 낙찰되어 사상 최고가를 기록했다.

금융화와 디지털화가
초래할 위험들

우리의 삶과 사회가 디지털화되면서 그 속도가 계속해서 빨라지고 있다. '오픈웜 프로젝트Open Worm Project'라는, 세간의 관심을 끄는 공개 협력기획사업이 차근차근 진척되고 있다. 지렁이의 신경세포 배열을 한 인공 생명체를 창조하기 위해 철저한 검토를 통해 수만 달러가 투여된 사업이다. 이 사업은 그 다음에는 레고 로봇에 적용될 것이다. 걸을 수도 있고 우리가 부르면 돌아볼 수도 있는 로봇이다. 벽에 부딪히면 멈춰서 뒤돌아 갈 수도 있다.[25]

시간이 지나면 자금을 더 많이 조달한 벤처 기업이 코브라, 여우, 사자의 지능을 복제하여 그것을 위험성이 없는 레고 로봇이 아니라 전쟁 무기에 접목할 것이다. 그때 가서 위험하다고 목청을 높이는 것은 너무 늦다.

가장 권위 있는 목소리들이 다양한 매체를 통해 우리 사회의 자동화와 인공지능의 발전에 대한 인간의 무기력함을 분명히 경고

• • •

25 〈과학자들이 레고 로봇에 생각하는 벌레 심는다Scientists upload a mind's worm into a Lego robot.〉 http://edition.cnn.com/2015/01/21/tech/mci-lego-worm/index.html 참조.

했지만 아무 소용이 없었다. 테슬라 모터스와 스페이스엑스사의 창립자 엘론 머스크Elon Musk는 이렇게 경고했다. "우리는 인공지능에 대해 큰 주의를 기울여야 한다. 이것은 아마도 오늘날 인간 실존에 대한 가장 강력한 위협이 될 것이다."[26]

마이크로소프트사와 빌 앤 멀린다 게이츠 재단의 창립자 빌 게이츠도 마찬가지 우려를 표명했다. "나는 슈퍼 인공지능을 걱정하는 사람들 편에 서 있습니다."[27] 스티븐 호킹은 2014년 12월에 BBC 방송과의 인터뷰에서 더욱 분명히 주장했다. "인공지능은 인간 종의 종말을 뜻할 수 있습니다."

로봇과 인공지능이 우리 주변에서 확산되고 있는 상황이 이런 우려를 낳고 있다. 나는 그런 상황이 2014년 크리스마스 때부터 기이한 양상으로 가속화되고 있다는 느낌을 받았다. 나는 오랫동안 저항해왔지만 소용없었다. 우버사(스마트폰에 기초하여 서비스를 제공하는 미국의 네트워크 교통회사. 공유된 차량의 운전기사와 승객을 모바일 앱을 통해 중계하는 서비스를 제공하는데, 2015년 5월 기준 58개국 300개 도시에서 서비스를 운영하고 있다.-옮긴이)는 내 모든 이동경로를 알고 있을 뿐만 아니라 내가 만나는 사람들과 내 습관에 대한 정보까지 입수하고

• • •
26 보스턴, MIT 우주항공 100주년 기념 심포지엄(MIT AeroAstro Centennial Symposium) (2014. 10. 22~24.)
27 레딧(Reddit)의 '무엇이든 물어보세요. Ask Me Anything' 세션 중에서.

있었다. 이 회사는 내 약속 시간에 맞춰 출발할 시간을 나에게 알려준다. 내가 아직도 내 여정을 선택할 자유를 갖고 있는 걸까? 늦게 도착할 선택권은? 내 의료 일정, 개인적이거나 직업적인 일정이 완전히 '우버 식'으로 되지는 않을까? 이를테면 외면하기 어려운 편리한 응용 프로그램과 추천 시스템에 조정되지 않을 수 있을까? 그것들은 이렇게 알려줄 것이다. "오늘 아침에 상용하는 알약을 먹고 싶지 않습니까? 2시간 후면 실시간으로 정보를 얻는 당신의 보험사가 보험의 보장 범위를 축소할 것입니다. 계약이 그렇게 되어 있습니다." "약속 장소에 걷거나 자전거로 가는 걸 원하나요? 약속 시간에 분명히 늦을 텐데 그건 당신 책임입니다."

2014년 여름, JP모건 체이스 그룹의 미국 고객 7천6백만 명의 개인정보를 한 해커가 훔쳐갔다. 그 해커가 러시아인인지 중국인인지는 중요하지 않다. 해당 회사는 공식적으로 부인했지만, 그 해커는 최근에 수십조 달러에 이르는 금융자산에 접근했을 것이다. 거래에 어떤 혼란을 일으키며 즐거워했을까?

그 후에 사람들은 신원이나 사생활, 건강, 예금계좌처럼 중요한 것들에 접근할 수 있게 하는 개인정보의 도용이 또다시 생기지는 않을 것이라 생각했다. 그러나 한 기업체가 노출된 고객 수에 있어서 JP모건 체이스의 기록을 깨뜨렸다. 2015년 2월에 미국에서 두 번째로 규모가 큰 보험회사 앤섬이 8천만 명의 개인정보(사회보장번호, 전화번호, 주소, 고용자 정보)를 도난당했다. 그보다 조금 먼저 홈디포가 5천6백만 명의 고객정보를, 미국 유통업체 타깃 코퍼레이션이 4천만 명의 고객정보를 도난당했다.

보안 문제에 극도로 신경 쓰고 효과적인 장비를 갖춘 이들 대기업의 고객들이 그토록 쉽게 개인정보를 털린다면 어느 누가 안전하다고 할 수 있겠는가? 이런 정글 속에서 누가 재산과 개인정보를 지킬 수 있다고 기대하겠는가?

2010년 5월 6일 뉴욕의 '플래시 크래시^{flash crash}'(주가나 채권 금리가 급격히 떨어지는 현상-옮긴이) 이후로, 런던 근교의 자기 집 지하실에서 한 개인이 단순한 컴퓨터와 소프트웨어를 이용해 20분 만에 1조 달러에 가까운 주식 가치를 사라지게 할 수 있다는 점을 알게 된 세계 금융시장의 투자자들, 다시 말해 전 세계 예금자들은 결코 그렇게 믿지 않을 것이다. 나빈더 싱 사라오^{Navinder Singh Sarao}가 벌였던 일이다. 범행을 벌인 지 5년이 지난 2015년 4월이 되어서야 그가 이 사이버 범죄의 장본인임이 밝혀졌다. 그는 돈을 목적으로(적어도 1백만 달러) 멀리 떨어진 곳에서 단독 범행을 저질렀다. 잘 조직된 테러리스트 단체라면 '단순한 금전적 수확'뿐만 아니라 전쟁이나 금융시장의 붕괴를 기도하는 전략적 목적으로 수십조 달러 가운데 얼마를 훔쳐갔을까?

2015년 4월 초, 세계에서 고도의 기술력을 지닌 기업으로 손꼽히는 소니 픽처스사의 정보와 그 정보망에 대한 공격이 있은 후 버락 오바마는 사이버 테러리스트의 그런 공격을 '국가 비상사태'로 지정하고 테러 행위에 가담하는 개인이나 조직에 대한 새로운 제재 수단을 발표했다.

이렇게 세계 금융 체제의 커다란 취약성을 드러내는 위험 상황이 몇 차례 뒤풀이된 후 2015년 5월에 미 재무장관 잭 류Jack Lew는 사이버 위험이 미국 금융 체제, 그러니까 세계 금융 체제에 불안정성을 불러오는 제1의 위협 요인이라고 발표했다.[28]

∞

이런 위험들에 대해 내가 너무 비관적이거나 부정적으로 본다고 생각할지도 모르겠다. 그건 어쩌면 스마트폰에 내 기분을 추적하여 다스리게 하는 응용 프로그램을 아직 설치하지 않아서일지도 모르겠다. 마이 무드 트래커(기분 추적기)My Mood Tracker, 라이브 해피(행복하게 살기)Live Happy, 마인드 시프트(기분전환)Mind Shift나 명상 앱 헤드스페이스Headspace 같은 것들이 필요할지도 모른다.[29] 아니면 행

. . .

28 출처 : 금융안정감독위원회(Financial Stability Oversight Council) 2015년 연차보고. 낮은 이자율의 환경 속에서 점증하는 위험 부담을 안게 된 바로 이후의 보고.
29 온라인에서 다양한 선택을 할 수 있다. www.healthline.com에 가면 '올해의 가장 좋은 조울증 앱The

복 앱 도전Happiness Apps Challenge 시합에 희망을 걸어야 하는 걸까?[30]

실리콘밸리, 뉴욕, 런던, 파리에서 자금을 모으고 있는 필립은 나의 회의적인 태도를 비웃는다. 그는 새로운 서비스와 많은 기업들을 창출하는 이런 생동감 넘치는 기술혁신의 파도를 타고 직업 세계 속으로 파고들 새로운 응용 프로그램에 열광하고 있다. 특히 그의 첨단 기업은 '마케팅 연구자, 광고 책임자, 디지털 통신 전문가들의 직업을 대체할 것이다.' 정말 대단하지 않은가?

그렇다. 정말 대단하다. 만약 적당한 시기에 성공한다면 그 기업에 몸담은 약 10명의 인물들은 21세기 경제에 걸맞은 속도로, 말하자면 몇 달 안에 일확천금을 거둬들일 것이다. 그리고 은행가와 변호사까지 대동하게 될 것이다.

그러나 해당 직업에 종사하던 사람들은 찍소리 못하고 쫓겨날 것이다. 특히 민첩하지 못하고 기민한 판단력을 갖추지 못한 이들이나, 기계가 사람을 대체하는 이 거대한 변화에 따라가지 못하는 이들은 생각할 겨를도 없이 당하게 될 것이다. 결국에는 단순직이든 고도의 기술직이든, 어떤 직업이나 산업도 이런 거대한 변화를 피해가지 못할 것이다.

• • •

Best Bipolar Disorder iphone and Android Apps of the Year'을 다운받을 수 있다.

30 이 시합의 의의를 다음과 같이 표방하고 있다. "만족과 생산성, 행복을 키우는 앱을 만들어 인류의 미래를 가꿔나간다."(www.happinessapps.com)

2015년 1월에 라스베이거스에서 열린 소비자 가전 전시회에서 메르세데스-벤츠는 다른 경쟁사들을 제치고 고급 무인 자동차 시제품을 전시했다. 나머지 산업들도 그 뒤를 따를 것이고 트럭, 장거리 버스 역시 가까운 장래에 알고리즘의 조정을 받게 될 것이다. 운전기사들에게는 시간이 별로 남아 있지 않을 것이다. 불가항력이다.

디지털 혁명이 가져다줄 미래는?

"에두아르 씨, 당신은 비관주의로 우리를 피곤하게 하고 있습니다. 신기술은 굉장한 것입니다. 신기술은 당신이 생각지도 못한 새로운 일자리를 많이 만들어낼 것입니다. 인내심을 갖고 미래에 대한 희망을 가질 필요가 있어요. 슘페터를 다시 읽어보세요. 파괴적 혁신은 역동적이고 열려 있는 경제에서 항상 위험보다 더 많은 기회를 창출하지요."

내가 직업상 만나서 대화를 나누는 이들 가운데 디지털 혁명과 밀접한 관련이 있는 사람들 대부분은 이런 반응을 보인다. 기업가, 은행가, 연구자 할 것 없이 모두 열정에 사로잡혀 있으며, 이들은 오늘날 신기술과 경제 금융화가 가져다줄 혜택을 나보다 훨씬 더 낙관적으로 본다. "강과 바다의 오염을 방지하는 기술이 곧 나타날 것이다." 어떤 이는 이렇게 확신한다. "하루에 2달러 이하로 살아가는 사람들에게 스마트폰을 주면 대번에 세계 경제의 참여자가 되는 수단으로 삼을 것이다." 어떤 이는 이렇게 열의를 표한다. 신기술의 발전이 세계적으로 건강에 이바지한 점을 이구동성으로 강조한다.

슈나이더 일렉트릭사의 부이사장이자 세계적 기술 선도 기업 SAP와 휴렛패커드의 전 CEO 레오 아포테커Léo Apotheker는 이렇게 말한다. "인공지능은 일종의 진화일 뿐 아니라 인류에게는 기회입니다. 유전자 돌연변이를 파헤칠 수 있는 것은 빅데이터와 인공지능 체계이고 '인간' 사회가 더 이상 돌보길 원하지 않는 노인들을 돌볼 수 있는 것은 지능 로봇입니다.

연결망을 갖춘 똑똑한 디지털 세상은 우리가 살아가는 방식과 일자리, 환경에 큰 충격을 줄 것입니다. 미래의 무인 전기 자동차를 예로 들어봅시다. 운전기사들은 물론 바로 일자리를 잃을 것입니다. 그러나 동시에 사고는 훨씬 줄어들어 사망자와 부상자 수가 적어지겠죠. 또한 이산화탄소가 거의 방출되지 않을 것입니다. 지능 자동차 체계는 디지털 경제의 다른 많은 분야처럼 공유와 합리성의 경제 원리를 기초로 세워질 것입니다.

더 적은 사고와 더 적은 오염. 잘 오르지 않는 보험료. 보건 제도에 대한 더 적은 비용 지출, 더 적은 원료 소비, 자동차 안에서 운전이 아니라 다른 것을 할 수 있는 여유…. 이런 진보가 그리도 해로울까요?"

디지털 혁명은 사실 인류에게 엄청난 행운이다. 앞서 있었던 산업혁명(인쇄기술, 전기, 철도)처럼 디지털 혁명은 지식과 효율성, 번영의 관점에서 경이로운 도약을 가능케 할 것이다. 인터넷은 신세계로 나아갈 수 있게 해준다. 대량의 정보 처리는 의학과 거주 공간과 생활환경의 향상에 커다란 기여를 할 것이다(똑똑한 도시Smart city는 환경오염 감소와 더불어 더욱 안전하고 쾌적한 삶을 살 수 있게 해줄 것이다). 인터넷에 힘입은 각종 학교의 무료 온라인 교육의 확대는 집단 및 개인의 지식 수준을 높여주고 인구 전체를 '자유롭게' 해줄 것이다.

오늘날 기술 발전으로 말미암은 심각한 일자리 파괴 문제가 먼저 눈에 띄는 이유는 기술 발전이 창출할 미래의 일자리들을 우리가 아직 확인할 수 없기 때문일 뿐이다. "그러나 그런 일자리들이 생길 것은 분명합니다. 인내와 믿음을 가지고 잘 준비하면 됩니다. 진행 중인 혁명에서 승리자가 되기 위해 스스로를 '교육'해야 하는 것이죠." 이 업계의 지도자는 나에게 이렇게 말했다. 그는 새로운 세상에 대비한 교육과 훈련을 관건으로 보고 있었다.

하지만 그의 견해에는 맹점이 있다. 더욱 많은 사람들에게 그런 교육을 하는 것이 재정적으로 실행 가능한 일일까? 미국에서 학생들의 채무 총계가 해마다 기록을 갱신하면서 마침내 연방준비위원회에서 염려하는 수준이 되었다. 금융제도를 위험에 빠뜨릴 수 있다고 보는 것이다. 2014년 말, 4천만 명의 미국 학생들이 총 1조2천억 달러의 빚을 지고 있었다. 2008년 위기 이전의 거의 두 배가 되는 액수다.

디지털 혁명 역시 근거가 없는 이야기다. 진보(특히 의학)에 따른 기술적 혜택이 모두에게 돌아가지는 않을 것 같다. 지불할 능력이 있어야 하는 것이다.

2014년에 실리콘밸리에서 5만8천 개라는 놀라운 수의 일자리를 창출했다는 통계는 디지털 혁명에 관한 열광을 불러일으킨다. 그러나 또 다른 통계는 반대로 이런 열광에 균형을 잡게 해준다. 컨설팅 회사인 롤랑 베르제는 프랑스 경제에서만 10년 안에 3백만 개의 일자리가 디지털화로 말미암아 사라질 수 있다고 추정했다. 해마다 일자리가 30만 개씩 사라진다는 이야기인데 이는 놀랄 만한 일이 아닌가![31]

우리는 비상한 진보가 가져다주는 진정한 기술 혁명에 직면해 있다. 하지만 그 기술이란 것이 좋은 기회와 위치를 점한 사람들과

• • •

31 〈디지털화에 직면한 중산층Les classes moyennes face à la transformation digitale〉(http://www.rolandberger.fr.)

그렇지 못한 사람들 사이에 더 깊은 골을 파는 것은 아닐까?

그 신경제가 금융자원과 법에 대한 영향력이 있는 사람들과, 신경제의 파도를 타기에 적당한 나이의 이들에게 얼마나 큰 활력과 능률을 안겨주는지 나는 그들과 일하면서 알 수 있었다. 일이란 한물간 지난 세기의 폐쇄적 부서 체계와 관료주의 조직에서보다, 21세기 표준이 된 창업 기업의 구조와 '협력'의 공간 안에서 더욱 활력을 띤다. 일의 형태 변화가 가속화되고 있다. 영국에서만 이미 450만 개가 된 1인 회사의 노동 형태는 아마도 몇십 년 안에 임금노동자보다도 더 많은 수를 차지하게 될 것이다.

그러나 행복해질 것이라고 강조되는 이 격변에 직면하여 머뭇거리거나 불안해할 이들에게 주목하자. 무력하거나 의심 많은 이들에게는 불행한 일이다. 그리고 충분한 자금이 없는 사람에게도 그렇다. 달리고 있는 열차에서 뛰어내릴 만한 충분한 힘과 민첩함이 없는 이들에게는 불행한 일이다. 자신을 쓸어버리게 놔둔다면 그들은 최악의 상태를 맞이하게 될 것이다.

내가 느끼는 근본적인 모순은 바로 이 지점에 있다. 이를 넘어설 수가 없다.

미쳐 날뛰는
자본주의에 고삐를…

　세계에서 손꼽히는 큰 기업의 한 경영자와 점심식사를 하며 대화를 나누면서 나는 이 모순을 확실하게 느꼈다. 당시에 주식 시가 총액이 애플사의 10분의 1밖에 되지 않았지만 그래도 500억 달러에 이르는 대단한 기업의 경영자였다.

　독실한 그리스도교인이며 세계 경제의 엘리트 풍모를 지닌 그의 인생역정과 이야기에 압도되지 않을 수 없었다. 내가 수수께끼나 큰 모순으로 느끼고 있던 점을 해소해보고자 질문을 하는 과정에서 우리는 의견 일치를 보았다. "시장에 제한을 가하려는 모든 형태의 규제를 거부하는 금융시장 안에서 우리는 어떻게 그리스도교인이 되고 완전한 신앙을 가질 수 있을까요? 그리스도교인으로서 '자유로운 닭장 안의 자유로운 여우'를 허용할 수 있나요?"

　답변은 명확했다.

　"사물을 있는 그대로 봅시다. 오늘날 세계에서 누가 시장 규제를 주장하고 있죠? 자본주의 체제에 제한을 가하려는 게 누구죠? 두 가지 부류가 있습니다. 우선 공산주의자들인데 그들은 수요와 공급이 자연스럽게 균형을 이루는 시장 독재에 자신들의 독재를 행사하고 싶어 합니다. 그들의 독재가 그렇게 부럽습니까?"

결코 그렇지 않다. 게다가 세상에 대한 더할 나위 없이 훌륭한 의도로 시작되었지만 소련의 굴락, 쿠바나 북한의 정치범 수용소로 변질된 사회주의의 타락한 이념에 대해 똑같이 불신하고 있음을 알 수 있었다. 그 경영자와 마찬가지로 나는 사회주의 이상, 특히 계몽된 소수가 많은 사람들에게 좋은 것을 가져다준다는 주장에 불편함을 느끼고 있었다. 솔제니친의 《수용소 군도》가 출판된 지 40년이 지난 지금 어떻게 사회주의를 주장할 수 있을까? 21세기 초의 경제적 사실들 역시 그 점을 보여주고 있다. 경제 구조에 사회주의를 강하게 채택하고 있는 나라들은 오늘날 세계 경제에서 큰 실패를 맛보고 있다. 대표적인 나라가 차베스의 베네수엘라, 키르치네르의 아르헨티나, 김정은의 북한이다.

"시장에 제한을 가하려고 하는 또 다른 부류의 사람들은, 죄송한 말씀이지만 실패자들입니다. 게임의 규칙을 알지만 거기서 빠져나오려 하거나 그것을 바꾸려는 사람들인 거죠. 그 법칙 안에서는 실패자니까요. 우리 경제 체제의 구축과 조정을 실패자들에게 맡기는 것이 도덕적으로 용인할 만합니까?"

허를 찔렀다. 시장 작동에 제한을 가하자고 주장하는 사람들 가운데에는 시장의 '무능한 실패자들'이나 적어도 시장의 혜택을 받지 못하는 이들이 많은 것이 사실이다. 게임의 규칙을 위해서라면 그들을 그대로 내버려두어도 좋단 말인가?

나는 앞의 두 가지 지점에서는 그 경영자의 말을 인정한다. 잠시 머뭇거리는 사이에 그는 거침없이 이렇게 덧붙였다. "나아가 시장이 자유롭게 작동하도록 놔두는 것이야말로 참으로 그리스도교다운 태도입니다. 그것은 결국 밝고 자유로운 의지와 만나는 일이기도 합니다. 시장은 그리스도교가 그렇듯이 개인의 자유, 양심의 자유를 높이 삽니다. 개인주의는 근본적으로 그리스도교와 맞닿아 있기 때문입니다." 그리고 보수주의적 미국 작가 에인 랜드Ayn Rand의 명저 《아틀라스Atlas Shrugged》(휴머니스트, 2013) 이야기를 했다. 러시아에서 미국으로 이민한 철학자인 랜드는 반교권주의자이자 철저한 독신주의자로서 아이를 갖지 않았다. 그녀는 책에서 철저한 무신론을 펼쳤으며 기본 덕목으로서 이기주의를 옹호했다. 로널드 레이건, 앨런 그린스펀, 그리고 미국의 자유주의 사상가들이 좋아했던 에인 랜드는 부자들의 이기적 축재, '탐욕'에 도덕적으로 긍정적인 기초를 마련해주려고 노력했다. 그리고 악마는 집단구조, 국가의 공익적 이념, 조직과 단체 속에서 발견할 수 있다고 생각했다.

그 점에서 나는 더 이상 동의하지 않는다. 그리스도교의 메시지는 그런 니체 철학과는 정반대에 서 있다. 니체 철학에서 각 개인은 제한 없이 자신의 '자아'를 드높여야 한다. 마치 알코올 중독자처럼 자신의 능력과 권력 의지의 끝까지 가야만 하는 것이다. 그리고 자신을 따라오지 못하는 사람들은 딱하지만 어쩔 수 없는 일이다. 무능력하고 약한 사람들, 그저 도움만이 필요한 사람들, 나아가 사회에 짐이 되는 사람들은 달리 방도가 없다.

에인 랜드의 세계에서 '실패자'나 무능한 사람이 되는 것은 위험한 일이다. 장애인으로 태어나거나, 살면서 장애를 갖게 되는 것은 위험한 일이다. 늙거나 느리거나 약한 사람이 되는 것 또한 위험한 일이다. 비관주의에 사로잡히는 사람도 마찬가지다. 아무것도, 자신에 대해서조차도 전혀 의심하지 않는 사람이 미래를 거머쥐게 되는 경제의 세계에서 자신과 미래에 대한 회의는 금물이다.

복음서가 그리스도교인에게 삶 속에서 행하도록 요구하는 것과는 정반대인 이 새로운 야만은 대체 무엇일까?

나는 사회주의자도, 내가 아는 한 '실패자'도 아니다. 나는 주류 사회에 대해서도 잘 안다. 나는 그들에게 조언을 하는 사람이다. 그들의 힘을 안다. 자신의 의지를 지배하고 생각을 현실로 만들어내는 그들의 능력에 대해서도 안다. 자신의 규칙과 결정을 받아들이게 만드는 그들의 수완에 대해서도 잘 안다.

하지만 나는 전적으로 시장 경쟁에 한계를 지우고 규제하자는 사람들의 진영에 속해 있다. 또한 나는 '제3의 길'의 진영에 속해 있다. 이 진영 사람들은 두말할 필요 없이 시장경제의 이점을 잘 알고 있다. 그러나 1929년의 공황을 불러일으킨, 그리고 또다시 위기를 향해 치닫고 있는 시장경제의 무절제와 위험을 무시하지 않는다.

가난한 자를 외면하지 않는
자비의 경제

　내가 나를 그 경영자가 빼먹은 세 번째 범주의 사람으로 보는
것은 그 때문이다. 이 부류의 사람들은 우리 경제와 사회의 법칙이
정글의 법칙이 되는 것을 거부한다. 가장 강한 자들의 법칙. '자유로
운 닭장 속의 자유로운 여우'의 법칙. 이 법칙은 2008년 위기 이후
로 겨우 7년이 지난 오늘날 다시 기승을 부리고 있다.

　복음이 전하는 메시지의 핵심에는 단순한 의무가 있다. "가난
한 이들과 더욱 가까워져라. 약하고 상처받기 쉬운 이들을 보호하
라. 실패하고 낙오한 이들, 신체나 기질적으로 약한 이들, 쓰러져서
는 다시 일어서기 힘들어하는 이들을 먼저 챙겨라." 우리가 살면서
겪는 불상사, 가족에게 일어난 사고, 사랑의 실패, 유전적 차이, 또
는 우리가 죄라고 부르는 자기 잘못에 대한 죄책감 등에서 아무런
상처 없이 다시 훌훌 털고 일어설 수 있는 건 아니다.

　나는 존재의 허약함을 내면 깊숙이 경험할 기회가 있었다. 그

허약함은 내 주위에, 내 가족 안에, 그리고 내 안에 수없이 존재한다. 그 허약함의 정도는 사람마다 차이가 있을 수 있다. 하지만 그 누가 자기는 상처를 받지 않는다고 감히 말할 수 있을까? 어떻게 결점도 두려움도 허물도 없다고 말할 수 있겠는가? 향정신성 의약품·알코올·마약 소비의 세계적 통계, 그리고 세계적인 노동 불안정성과 번아웃 증후군 현상을 봤을 때 그 누가 그런 허약함이 없다고 자신할 수 있겠는가?[32] 개인과 가족, 직장인을 위한 탈출구나, 인생의 고단함을 달랠 수 있게 해주는 기분 전환의 수단이 필요한 것이다. 그러나 세상은 진흙으로 빚어진 우리보고 기계보다 더 강해지라고 요구한다. 하지만 기계 말고는 누가 그런 바람을 가질 수 있겠는가?

우리는 모두 인간이기에 약하고 상처받기 쉽다. 우리가 알고리즘과 지능을 갖춘 기계들과 마주하여 경쟁을 해나가게 된다면 그 점이 더욱 강하게 드러날 것이다. 머지않아 우리는 금융 대위기를 겪게 될 것이고, 위기는 기회이듯 경제와 사회 모델에 변화를 꾀해야만 할 것이다. 2008년과는 달리 이번 위기의 파급 속도와 규모는

• • •

32 특히 국제노동기구(ILO)의 연구 〈작업장에서의 정신건강Mental health in the workplace〉(Genève, ILO publications, 2000)의 서문 가운데 '경영보고서executive summaries'를 참조하라. 그리고 더욱 최근 연구인 〈세계의 고용과 사회 전망World Employement and Social Outlook〉(Genève, ILO publications, 2015) 참조. 이 연구에 따르면 세계 노동자 가운데 80%가 지속적인 노동계약 없는 불안정 고용 상태에 있다.

우리 능력을 넘어설 것이다. 재원이 부족하기 때문이다. 세계 화폐들과 유동자금이 그 의미를 잃게 될 가능성은 제쳐두더라도 마이너스 이자율과 중앙은행의 수십조 달러에 이르는 화폐 발행(양적완화) 말고는 뾰족한 수가 없을 것이다.

∞∞∞

우리는 다시 재원이 부족한 위험에 처했다. 하지만 제3의 길이라는 가능성이 있다. 기본적으로 인간적이고 인본적인 제3의 길은 오늘날 우리가 경험하고 있는 고삐 풀린 자본주의와 지난 세기에 겪었던 사회주의보다 더 효과적이고 지속가능하다.

제3의 길은 인간의 존엄성이라는 절대 원리에 기초를 두고 있다. 인간의 존엄성은 침해할 수 없는 신성한 것이라고 생각하는데 이는 그리스도교인에게만 국한된 가치가 아니다. 언제나 우리 인간을 동물이나 기계(실리콘밸리의 불길한 예언자들이 뭐라고 생각하건)와 구별하는 블라디미르 장켈레비치Vladimir Jankélévitch가 이야기한 '알 수 없는 그 무엇je-ne-sais-quoi'도 이와 맞닿아 있다. 우리 각자 안에 흔들거리며 존재하는 이 작은 빛은 바로 영혼이다. 그리고 의식이다. 진흙으로 빚어진 우리의 허약함에 깃든 날카로운 의식. 이 의식은 우리가 언제나 기계, 그리고 21세기를 지배하리라 너무 성급히 믿어

61

버리는 초인^{Übermenschen}(니체의 개념으로 신을 대신하는 이상적 인간-옮긴이)들에 맞서 승리하도록 해줄 것이다.

우리 시대에 대한 이런 역설적인 규정은 인류가 생존하는 데 기초가 된다. 우리는 기계에 대한 우리의 우월성을 끌어내어 모든 위기들을 극복할 것이다. 이는 우리가 '드높은' 인간이 될 것이기 때문이 아니다. 우리는 알고리즘을 지배하고 돈을 길들일 것이다. 인공지능이나 돈의 증식이 아니라, 우리의 모든 불완전성과 결점과 한계, 그리고 비틀거리고 부족함이 많지만 자유로운 지각과 의식이 어우러지는 인간성의 고양을 통해 이를 이룰 것이다.

구글의 연구소인 구글 X 랩 소속의 캘리코사가 표방한 사명은 그럴듯하게도 '죽음을 죽인다'이다. 하지만 우리는 인간이라는 존재가 500년이나 살도록 드높아지는 것을 거부할 수 있을 만큼 자유롭다. 기술과 돈은 물론 모든 것을 지배할 수 있는 신경제, 다른 사람을 지배하고 그 감정과 기분, 성향까지 지배할 수 있는 신경제가 내놓기 시작한 이런 약속을 거부할 만큼 우리는 자유롭다.

꼭 선택을 하자는 건 아니지만 사실상 나는 왜곡된 능력자들보다 실패자들의 진영을 더 좋아한다. 빠르게 비인간화되고 있는 세상의 첫 전투에서 패배하는 사람들 말이다. 그들은 아니라고 말하는 사람들이다. 그리고 파괴자들에 맞선 전쟁에서 결국은 승리하게 될 사람들이다. 그들의 신발 속에는 작은 돌들이 있어서 나쁜 것에

교황의 경제학

는 그리 빨리 다가설 수 없다. 작은 돌이란 바로 양심이다. 이 작은 돌은 극단적 경제가 만들어낸 지나치게 완전한 기계가 궤도를 이탈하게 만들 것이다.

나는 이 진영을 잘 안다. 내 진영이기 때문이다. 산상수훈을 따르는 그리스도교인들의 진영으로, 그들에게는 지복이 약속되어 있다.

예수님께서는 그 군중을 보시고 산으로 오르셨다. 그분께서 자리에 앉으시자 제자들이 그분께 다가왔다. 예수님께서 입을 여시어 그들을 이렇게 가르치셨다.

"행복하여라, 마음이 가난한 사람들!

하늘 나라가 그들의 것이다.

행복하여라, 슬퍼하는 사람들!

그들은 위로를 받을 것이다.

행복하여라, 온유한 사람들!

그들은 땅을 차지할 것이다.

행복하여라, 의로움에 주리고 목마른 사람들!

그들은 흡족해질 것이다.

행복하여라, 자비로운 사람들!

그들은 자비를 입을 것이다.

행복하여라, 마음이 깨끗한 사람들!

그들은 하느님을 볼 것이다.

행복하여라, 평화를 이루는 사람들!

그들은 하느님의 자녀라 불릴 것이다.

행복하여라, 의로움 때문에 박해를 받는 사람들!

하늘 나라가 그들의 것이다.[33]

• • •

33 마태오 복음서, 5, 1-10.

2장

21세기 경제에서
어떻게 살아남을 것인가

"다양한 분야에서 이루어지고 있는 진보로 알 수 있듯이
오늘날의 인류는 역사적 전환기를 겪고 있습니다.
사람들의 복지 향상을 위하여 건강과 교육과 커뮤니케이션과 같은
분야에서 진일보하였다는 점에서는 기뻐할 수 있습니다.
그러나 우리 시대의 사람들 대부분이 하루하루 힘겹게 살아가고,
이 때문에 비참한 결과가 빚어지고 있다는 점을 잊어서는 안 됩니다. …
살아 있다는 기쁨이 자주 퇴색되고, 다른 이들에 대한 존중이
갈수록 결여되며, 폭력이 증가하고, 사회적 불평등이
더욱 심화되고 있습니다. 살기 위해서, 흔히 인간의 품위마저 버린 채
살기 위해서라도 고군분투해야 합니다. …
그러한 경제는 사람을 죽일 뿐입니다.
나이든 노숙자가 길에서 얼어 죽은 것은 기사화되지 않으면서,
주가 지수가 조금만 내려가도 기사화되는 것이 말이나 되는 일입니까?"

— 《복음의 기쁨》 52~53항 중에서 —

교황청 문화평의회Conseil pontifical pour la Culture에[34] 세계 경제에 대해 그리고 우리 사회 문화에 미치는 세계 경제의 영향에 대해 어떤 의견을 제안하는 것은 쉬운 일이 아니다.

인간성을
상실한 경제

내가 대학생이던 1990년대에 경제는 인문과학에 속했다. 현대 문화를 좌지우지하는 이 경제 분야에서 기업가로, 금융 전문가로 또 관찰자로 이십여 년을 지내다 보니 경제가 더 이상 학문이 아니라는 생각이 들었다. 게다가 경제가 인간성을 상실하고 있다는 확신이 점점 생기기 시작했다.

나는 스승들에게서 배운 몇 가지 진리를 불변의 이치로 여겼는데, 그들의 신조는 다음의 세 가지 원칙에 바탕을 두고 있었다.

• • •
34 이 글은 2014년 가을 바티칸 교황청 문화평의회를 위해 작성된 문서를 가져와 쓴 것이다. 원 제목은 〈인간은 어떻게 21세기 신경제에서 살아남을 것인가; 2015년 9월 뉴욕에서의 프란치스코 교황의 선도적 행위 옹호하기 Comment l'espèce humaine survivra à la nouvelle économie du XXIe siècle – Plaidoyer pour une initiative du pape François à New York en septembre 2015〉 (Culture e Fede, 22-2014-3) 참조.

• "진정한 부는 인간에게서 비롯된다."(장 보댕Jean Bodin) : 인간이 있는 곳, 그곳에 성장과 희망, 역동성, 인간의 창의력이 있다. "한 국가의 인구수를 살펴보라. 그러면 그 나라가 갖게 될 미래의 부를 볼 수 있다." 경제는 분명 인문과학이었다.

• "시간은 시간을 들이지 않고 이룬 것들을 존중하지 않는다."(폴 모랑Paul Morand) : 지속되는 시간에 대한 찬사이자 단시간 및 장시간을 들인 노력에 대한 찬사이다. 경제에서 성급함은 금물이다. 시간은 당신을 위해 흐를 것이다. 시간은 돈의 친구다. 금리가 그걸 증명하고 있다.

• 돈은 너무나 귀하고 소중해서 비싸다. 그러므로 신중하고 노련한 사람, 즉 은행가들에게만 돈을 맡길 수 있다. 위험을 판별해내고 이해할 수 있는 능력을 지닌 사람들은 다름 아닌 은행가다. '경제에 도움이 되는' 재정은 아무에게나 맡겨서는 안 되는 아주 중대한 일이다.

그런데 나는 20년이라는 짧은 기간을 기업과 금융계에서 일해오면서 '신경제'의 등장으로 이 3대 원칙이 점점 무너져가는 것을 목격했다. 오늘날 전 세계는 이 신경제 안에 빠져 있다.

지금 여기서 지난 세기에 반복되었던, 자본주의의 효용과 과도

함에 대한 옛 경제의 오랜 논란을 다시 끄집어내려는 것은 아니다. 국제 무역은 상품, 아이디어, 사람의 자유로운 이동을 도우며 사람들을 좀 더 가깝게 연결시켰고 각기 다른 사람들이 서로 어울릴 수 있도록 해주었다. 이와 더불어 자본주의는 중대한 위기에 처했음에도 인간의 수명 및 삶의 질을 현저하게 높여주었을 뿐 아니라 자유와 민주주의의 이상 또한 높여놓았다. 자본주의의 대안으로 꼽히던 사회주의는 비록 의도는 좋았지만 국민 전체를, 어떤 경우에는 여러 세대에 걸쳐서까지 사람들을 전체주의의 암흑, 격리와 집단 수용이라는 야만, 지속적인 정신적 강요 및 신체적 고문 속으로 빠뜨려버렸다.

현 시대의 쟁점은 이렇다. 이 작은 행성에 모여 사는 72억 명의 인간들이 또다시 새로운 경제에 적응할 수 있는가? 신경제는 규칙을 따르는 대신 충동과 상호작용을 따르고, 우리의 모든 과거를 풍비박산 나게 할 현상들을 따른다. 신경제는 인간들이 안정된 틀에서 벗어나기를 원하고 있는 듯하다.

신경제의 세 가지 덫 :
세계화, 디지털화, 금융화

전문용어를 빌려 표현해보자면, 2014년의 신경제는 인간 경제 활동의 세계화, 디지털화, 금융화라는 세 가지 상호 현상이 결합하여 '확장된' 경제라고 할 수 있다.

세계화

세계화는 예전부터 여러 세기 동안 이어져온 현상이다. 베를린 장벽이 무너지고 공산주의가 붕괴되었으며, 또 거의 모든 국가가 시장경제 원리로 전환한 1989년 이후에는 세계화가 더욱 더 가속화되었다(자유무역협정, 경제 활동 표준화 및 공통 업무 용어 사용을 가능하게 하는 운영 소프트웨어, 점점 더 세계화되는 기업 등). 무역과 생산 활동의 세계화를 돕는 도구, 규범, 기술들이 널리 쓰이게 된 것도 세계화에 한몫을 했다.

수치를 통해 세계화에 대해 간략히 살펴보도록 하자.

세계화 결산 차변

- 1980년 이후 10억 개 이상의 일자리가 생겨났다.[35]

- 1990년 이후 약 10억 명의 사람들이 극빈에서 벗어났고,[36] 세계 부의 생산은 네 배 증가했다.[37]

- 2000년 이후 세계적으로 가계의 부가 두 배 이상 증가했다.[38]

세계화 결산 대변

- 세계자연기금WWF의 추산에 따르면, 우리가 지구의 제한된 자원을 너무나 빨리 거덜 내버려서 2025년이 되면 55억 명의 사람들이 '물 부족' 지역에서 고통받으며 살게 될 것이다.[39]

- 28억 명의 사람들이 하루에 2달러 이하의 돈을 가지고 살아가고 있고, 9억 2천5백만 명의 사람들이 끼니를 제대로 때우지 못하고 있다.[40]

. . .

35 농업 분야 일자리 제외. 다음을 참고. 헬렌 휴(Helen Hu), 〈거대 기업이 주춤할 때When giants slow down〉(*The Economist*, 2013. 6. 27.)

36 국제적으로 하루에 1.25달러 이하를 가지고 사는 경우를 극빈으로 정의한다. 〈빈곤의 종말을 향하여 Towards the end of poverty〉(*The Economist*, 2013. 6. 1.)

37 세계은행

38 크레디 스위스(Crédit Suisse), 《세계자산보고서 2014 *Global Wealth Databook 2014*》(2014. 10.)

39 펄리시티 배린저(Felicity Barringer), 〈빅풋 인간The Human as Bigfoot〉(*The New York Times*, 2010. 10. 13.)

40 유엔, 《세계적 문제들에 대한 발언자를 위한 자료 *Resources for Speakers on Global Issues*》.

교황의 경제학

• 인류 중 가장 부유한 1%의 사람들이 전 세계 부의 절반 이상을 소유하고 있다.[41] 성장으로 인한 이익이 모두에게 돌아가야 하는데도, 이러한 불균형은 점점 더 심화되고 있고 이에 부당함을 느끼는 감정 또한 커지고 있다. 전 세계 인구 10명 중 7명이 지난 30년 동안 경제 불균형이 심화된 국가에서 살고 있다.[42]

요컨대 1989년 이후 세계적으로 부와 일자리가 늘어났다. 하지만 국가 간, 개인 간 불평등은 심화되었고, 여전히 모든 것이 몇몇 사람들의 이익을 위해서만 돌아가는 것처럼 보여 이러한 불균형을 받아들이기는 더욱 힘들어졌다. 그리고 지구의 한정된 자원은 전 세계 곳곳에서 초토화되고 있다.

디지털화

프랑스 디지털 기업가인 피에르 벨랑제[Pierre Bellanger]는 저서《디

• • •
41 크레디 스위스,《세계자산보고서 2014》(2014. 10.)

42 미국에서는 가장 부유한 1%의 사람들이 2009년 이후 이루어진 경제 성장의 이득 95%를 손에 넣고 있다. 다음 글에서 확인 가능.〈극심한 불균형 문제를 해결하라 En finir avec les inégalités extrêmes〉(http://www.oxfam.org, 2014. 1.)

지털 주권*La Souveraineté numérique*》[43]에서 이렇게 지적했다. "우리가 알고 있는 이 세상에 인터넷이 보태진 것이 아니다. 인터넷이 이 세상을 대체하게 된 것이다. 인터넷은 우리의 일자리, 데이터, 사생활, 지식재산, 발전 그리고 우리의 자유까지 모조리 흡수해버리고 있다." 지금까지 일어난 일들과 수치를 살펴보면 그의 주장이 옳다.

보스턴 컨설팅 그룹의 한 연구에 따르면, 현재 디지털 플랫폼이 지금부터 2020년까지 약탈하는 유럽인 5억 명의 개인정보가 1조 유로의 가치를 갖게 될 것이다.[44] 전 세계적으로 이 가치를 손에 넣는 것이 플랫폼 기업들에게 중요한 초점이 되었다. 이들 플랫폼 기업들은 우리의 동의하에게 점점 더 우리 삶을 침범하면서 우리의 작은 일상과 행동, 움직임, 소비습관을 감시한다. 이를 예측하고 대응하여 정보를 팔겠다는 심산이다. 오늘은 이러한 현상이 물건을 팔기 위한 의도를 지닌 사기업에 그치지만 내일은 국민을 통제하려는 국가로 번질 수도 있는 일이다.

개인정보와 사생활을 빼내 가는 이 플랫폼들은 우리의 승낙과 기존 기업들의 소극적인 공모에 힘입어 지구상의 수많은 국가들보다 훨씬 더 많은 자원을 지닌 제국으로 변모하고 있다.

• • •

43 Paris, Stock, 2013.

44 제임스 폰타넬라칸(James Fontanella-Khan), 〈개인정보의 가치가 1조 유로가 될 수 있다Personal data value could reach €1tn〉(*Financial Times*, 2012. 11. 7.)

교황의 경제학

사실, 빚과 적자투성이에다 점점 고령화되고 있는 국민들까지 책임져야 하는 프랑스, 이탈리아, 아르헨티나, 영국 정부가 구글과 알리바바, 애플, 페이스북, 아마존에 대항해 어떤 힘을 쓸 수 있겠는가. 이 다섯 기업의 가치를 합치면 약 1조6천억 달러에 이르고, 이들이 연구개발(특히 로봇공학, 인간게놈, 나노기술 등)에 투자하는 금액만도 수천억 달러에 이른다. 이들 기업이 굼뜬 정부들보다 훨씬 앞서갈 수밖에 없는 이유가 바로 여기에 있다. 국가는 국민들에게 필요한 비용을 대기 위해 여전히 기업들에 세금을 부과하고 있다. 하지만 아주 민첩하고 너무나 세계화된 거대 디지털 기업들한테서는 세금을 걷지도 못하고 있다. 덕분에 이들 기업들은 각자의 방식대로 5조5천억에서 26조 달러에 이르는 세계적인 세금 탈루를 저지르고 있다.[45]

다가오는 미래에는 과연 누가 가장 쉽게 군대에 돈을 대고 군대를 모집할 수 있을까? 주권 국가들일까 아니면 얼마 전부터 여러 군사로봇 업체(보스턴 다이내믹스 등)를 인수하기 시작해 가까운 미래에 군사로봇 부대를 만들 수 있게 된 구글일까? 이 로봇들은 당신의 인터넷 검색과 당신이 이용하는 위치 탐색 서비스 그리고 당신의 콘택트 네트워크와 친구 네트워크(소셜 네트워크, 지메일Gmail) 덕분에

• • •
45 각각 국제통화기금(IMF) 및 조세정의 네트워크에 따른 내용임.

이미 당신을 잘 알고 있고, 당신을 추적할 수 있게 될 것이다.

물론 신경제에도 긍정적인 측면들이 있다. 대부분이 무료인 새로운 서비스들이 생겨나 수많은 분야에서 효율성을 높여주고, 흥미로운 일자리를 창출하며, 사람들의 생활에 도움을 주고 삶의 질을 높여준다. 오늘날 어떤 누가 '예전처럼' 살거나 일할 수 있겠는가? 다시 말해 누가 이메일이나 휴대폰 없이 지내고, 또 누가 인터넷 대신 종이로 된 백과사전에서 정보를 찾겠는가?

신경제가 수많은 일자리를 창출하긴 하지만 과연 그것이 모두를 위한 일자리일까? 세계 최고의 민간 고용주인 미국 유통계의 두 거인 맥도날드와 월마트는 총 4백만 명을 고용하고 있다. 두 기업의 주식 가치는 3,250억 달러에 이른다. 직원 한 명당 산출되는 '가치'가 평균 약 8만 1,250달러인 셈이다.

알리바바, 페이스북, 구글에 비하면 분명 적은 금액이다. 신경제의 별로 불리는 이들 기업은 고작 8만 명의 사람들을 고용하고 있지만 총 8,000억 달러 정도의 가치를 가지고 있다. 즉, 직원 한 명당 1,000만 달러의 '가치'를 지닌 것이다. 동서남북 어디에서나 신경제의 노동자 한 명이 기존 경제의 노동자보다 백배 이상의 가치를 창출하는 셈이다. 나아가 신경제에서는 기존 경제보다 '인적 자본'이 100분의 1 수준으로 줄어든다.

옥스퍼드 대학의 마이클 오즈번Michael Osborne과 칼 베네딕트 프리Carl Benedikt Frey가 진행한 연구 '고용의 미래'[46]는 이 현상을 명확히 보여준다. 인간 활동이 디지털화되면서 현재 미국에 등록된 일자리 중 47%가 사라지게 되는 상황이 벌어질 것이다.[47] 기계가 인간을 대신하는 움직임은 이미 시작되었다. 슈퍼마켓에서 전자계산대가 인간 계산원들을 쫓아내고 있고, 산업용 로봇들이 생산직 노동자를 대체하고 있다. 2012년, 애플과 노키아의 중국 협력업체 폭스콘은 노동자들을 대체하기 위해 백만 대의 로봇을 구입했다고 발표하기도 했다.

잠은 한숨도 자지 않으면서 업무에 싫은 기색을 내비치지도 않고 개인적인 문제로 집중력이 흐트러질 일도 없는 산업용 로봇보다 더 수익성과 생산성이 높은 노동자가 어디 있을까? 알고리즘보다 더 세심하게 주의를 기울일 수 있는 운전기사가 어디 있을까? 그리고 미래에 '슈퍼 인공지능'을 탑재한 프로그래밍 기계보다 더 효율적이고 창의적인 프로그래머가 어디 있을까?[48]

인간은 이러한 변화의 움직임을 따라갈 수 있을까? 기기에 둘

• • •

46 http://www.oxfordmartin.ox.ac.uk/downloads/academic/The_Future_of_Employment.pdf.

47 브루겔 연구소(L'institut Bruegel)의 추산에 따르면 유럽에서 이 수치는 54%를 넘는다.

48 제임스 배럿(James Barratt)이 저서 《우리의 결정적 발명 : 인공지능과 인간 시대의 종말Our Final Invention: Artificial Intelligence and the End of the Human Era》에서 강조한 아이디어.(New York, St. Martin's Griffin, 2015.)

러싸여 성장한 '디지털 네이티브'가 아닌 사람들은 이미 자신이 흐름에 뒤처져 있다는 것을 알고 있다. 물론 인간은 모든 것에 적응한다. 과거의 급격한 기술 변화(인쇄술, 전기, 석유, 철도)에도 성공적으로 적응해오지 않았던가. 다만, 적응할 시간이 주어져야 한다. 하지만 투자 및 소비 결정을 강요하는 알고리즘 앞에서 인간은 얼마의 시간을 벌 수 있을까? 인간은 더 이상 혼자서 천천히 생각할 시간을 갖고 결정을 내릴 수 없게 될 것이다.

신경제와 함께 모습을 드러낸 것은 인류를 위한 또 다른 단계의 기술 발전이 아니라(그랬다면 환영할 만한 일이지만), 기계에 의한 인간 대교체Grand Remplacement이다. 이러한 경제 혁명은 초인간주의 transhumanisme(과학과 기술을 이용해 인간의 정신적·육체적 성질과 능력을 개선하려는 지적·문화적 운동. 장애, 고통, 질병, 노화, 죽음과 같은 인간의 조건들을 바람직하지 않고 불필요한 것으로 규정하면서 생명과학과 신기술이 그런 조건들을 뛰어넘을 것이라고 기대한다.-옮긴이), 즉 인간과 기계를 통합하여 경쟁력을 높이고 궁극적으로는 인간을 불멸의 존재로 만들려는 과학·정치·철학적 프로젝트와 밀접한 연관이 있다. 터무니없지만 구글의 실현 가능한 프로젝트들이 그러하다. 초인간주의의 사도이자 자신의 계획과 야망을 솔직하게 밝힌 인기 도서들(《특이점이 온다 : 기술이 인간을 초월하는 순간The Singularity is Near : When Humans Biology》(김영사, 2007년),《어떻게 마음을 만드나How to Create a Mind》)의 저자인 레이 커즈

와일Ray Kurzweil이 다름 아닌 구글의 책임 엔지니어가 아니던가. 초
인간주의는 음모론을 조장하는 숨겨진 프로젝트가 아니기 때문에
일반 제품의 경우와 마찬가지로 커즈와일의 책에서도 구글의 혁신
과 그로 인한 성과물까지 자유롭게 표현되고 드러난다. 목표는 이
미 오래 전부터 상업적이거나 금전적인 것에 그치지 않았다. 우리
삶의 방식과 가치를 바꾸려는 의도 아래 정치적이고 종교적인 색채
를 띠게 되었다. 초인간주의에서는 불멸의 존재가 될 만큼 기술적
혁신으로 가득 찬, '확장된' 인간의 신체와 두뇌를 예찬한다. 어느
누구도 우리를 둘러싸고 우리 몸속까지 파고든 기술의 전개에 저
항할 수 없다. 그 와중에 윤리와 도덕의 경계가 사라진다 해도 어쩔
수 없는 일이다.

　지금까지 이러한 기술의 전개에 드러내놓고 반대 입장을 표명
한 나라는 거의 없었다. 특히 중국의 경우, 베이징 유전체 연구소
Beijing Genomics Institute가 훗날 '좋은' DNA를 국민들에게 주입해 국제
경쟁에서 우위를 점하겠다는 목적으로 영재 2,200명의 DNA 염기
서열에 대한 연구를 진행하고 있다. 유럽의 두 나라, 프랑스와 독일
은 일부 반대 입장을 드러냈지만 과연 얼마 동안이나 그 입장을 고
수할 수 있을지 의문이다. 독일에서는 정부와 전문가 집단에서 인
터넷상의 개인 사생활 보호를 위해 노력하고 있다. 그리고 악셀 슈
프링거사의 최고경영자 마티아스 되프너Mathias Döpfner는 대담하고

냉철한 공개서한(〈우리는 왜 구글을 두려워하는가Why we fear Google〉[49])을 작성해 구글의 경제 모델과 방침에 대항하기도 했다. 프랑스에서는 몇몇 디지털 기업가들이[50] 이 지배도구들의 위험성에 대한 의식을 일깨우며, 특히 유럽 정치 당국들에게 이를 경고하고 있다. 의사이자 프랑스 건강 포털 사이트 독티시모를 만든 로랑 알렉상드르 Laurent Alexandre의 경우가 바로 그러하다. 구글의 초인간주의 프로젝트에 대한 그의 분석은 염려와 동시에 감탄을 자아낼 뿐 아니라 매우 획기적인 사례로 남을 것이다.[51] 그의 분석에 따르면, 구글의 군사로봇 구입 확대에서부터 '더 좋은' 인간 배아 선별을 가능하게 하는 특허 8 543 339 B2[52] 등록에 이르기까지, 이 프로젝트에는 인간과 인간 사회를 기술로 에워싸고 '개선'하려는 의도가 담겨 있다.

비판의 목소리는 유럽 나라들, 특히 스페인과 이탈리아, 폴란드 등에서 높아지고 있다. 20세기에 민주주의 위기를 경험한 이들 나라에서는 전체주의적 시각과 전체주의로 인한 필연적 결과, 즉 우생학, 정신과 육체의 조작, 그리고 과거였다면 운테르멘셴Untermenschen,

• • •

49 http://www.faz.net/aktuelle/feuilleton/debatten/mathias-doepfner-s-open-letter-to-eric-schmidt-12900860.html.

50 올리비에 시셸(Olivier Sichel)과 Open Internet Project, 고드프루아 조르당(Godefroy Jordan)과 Renaissancenumerique.org.

51 출처 : Open Internet Project.

52 http://www.google.com/patents/US8543339.

즉 열등 인간이라고 불렸을 약자들이 버려지는 현상을 경계한다. 초인간주의가 자리 잡은 세상에서 보통의 인간은 모두 운테르멘셴이 되지 않을까?

과연 미래에, 로봇화된 인간과 인간화된 로봇의 경계는 어디쯤이 될까? 기술이 발전할수록 경계는 더욱 흐릿해지며 '보통의' 인간들은 시스템 밖으로 밀려날 것이다. 좀 더 정확히 말해 기술 진보를 곁에 둘 만한, 또는 자신의 몸속에 넣을 수 있는 금전적 수단이 없는 사람들은 사회 시스템 밖으로 밀려날 것이다. '가진 자들'과 '가지지 못한 자들'로 나뉘어, 너무 인간적인 가난한 인간들은 질병을 얻고 죽음을 맞이하고, 슈퍼 인간들은 불멸을 얻을 것이다. 기술적으로 충분히 '확장'되지 못한 인간들은 투표나 도시 생활에 참여할 만한 충분한 지식을 갖지 못할 것이고, '슈퍼 시민'이나 '슈퍼 지능'들이 투표에 우선권을 갖게 될 것이다. 이러한 환경에서 어떻게 민주주의가 살아남을 수 있겠는가.

금융화

세계화와 디지털화를 동반한 금융화는 경제로 하여금 인간과 지구의 한계를 더 많이 뛰어넘도록 만든다.

• 지구에는 72억 명의 인구가 살고 있다. 지구인 전체가 매해

생산하는 부의 합은 약 75조 달러이다.[53] 지구인 한 명이 평균적으로 매해 약 1만 달러 남짓한 부를 생산하는 셈이다. 다음에 나오는 헤아리기 힘들 정도로 규모가 큰 수치들을 잘 이해하기 위해 이 단순화된 지표를 머릿속에 넣어두도록 하자.

• 해마다 실체가 있는 모든 현실에서 벗어난 시장, 즉 전자시장에서 컴퓨터 클릭으로 2천조 달러에 가까운 금액이 거래되고 있다. 아주 정확히 말하면 1,934,500,000,000,000달러이다.[54] 이 시장은 바로 달러를 유로로 바꾸고 위안을 파운드로 바꾸는 국제 외환시장이다. 국제 외환시장의 규모는 전 세계에서 생산되는 부의 25배에 이른다.

• 오늘날에는 '섀도 뱅킹'이라는 새로운 형태의 금융 활동이 존재한다. 말 그대로 그림자 금융을 뜻한다. 일부 금융 관계자들은 점차 모든 규제를 벗어나 은행처럼 활동할 수 있게 되었다. (당신이 은행에 맡긴) 단기 예금을 장기 대출로 바꾸며 부채를 늘려간 것이다. 과연 누가 이들의 채무 수준과 업무의 성격을 감시할 수 있으며, 이들이 위험에 빠지지 않을 만한 자금 능력을 갖고 있는지 확인할 수 있을까? 2008년 금융위기를 심화시킨 강력한 주범인 섀도 뱅킹은

• • •

53 국제통화기금과 세계은행에서 전 세계 국가들의 GDP를 합산한 것임.
54 출처 : 국제결제은행(BIS)

2007년에 그 규모가 62조 달러에 달했다. 전 지구의 연간 부와 맞먹는 수준이다! 그런데 금융위기 이후 이런 통제되지 않은 금융 활동들은 사라지거나 엄격한 규제의 틀 안으로 들어왔을까? 내 귓전에는 아직도 버락 오바마 미국 대통령의 멋진 연설이 맴돌고 있다. 오바마 대통령은 연설을 통해 월가의 광기를 규탄하며 이 '억만장자들과 백만장자들'의 활동에 대해 엄격한 '어른의 통제'가 필요하다고 주장했다.[55] 하지만 최근 소식에 따르면 섀도 뱅킹의 규모는 여전히 75조 달러가 넘는다. 규모가 오히려 늘어난 것이다![56] 이제 섀도 뱅킹은 지구에서 연간 생산되는 부의 120%에 육박한다.

나는 한동안 2008년의 매우 심각한 위기가 현실 세계의 지도자들, 즉 전 세계의 정부 수반들, 장관들, 기업 대표들, 중앙은행가들이 손을 다시 맞잡는 계기가 될 것이라고 믿었다. G20 정상회담도 이러한 소명을 갖고 열렸다. 나도 다른 수많은 경제학자들처럼 도를 넘어선 금융에 더 많은 규제를 가해야 한다고 주장했다.[57] 폴 볼

• • •

55 앤드루 클라크(Andrew Clark), 〈오바마가 월가에 대한 '어른의 통제'를 약속하다.Obama promises 'adult supervision' for Wall Street〉(*The Guardian*, 2008. 12. 19.)

56 출처: 금융안정위원회(Financial Stability Board)

57 2009년 3월과 9월 런던과 피츠버그에서 열린 G20 회담 개막 전 몽테뉴 연구소(Institut Montaigne)가 발표한 요약 보고서, http://www.institutmontaigne.org/fr/publications/reconstruire-la-finance-pour-relancer-leconomie, http://www.institutmontaigne.org/fr/publications/entre-g2-et-g20-leurope-face-la-crise-financiere.

커Paul Volcker[58] 등 소수의 사람들은 이 악령을 다시 병 속에 집어넣고, 헤지펀드와 벌처펀드 등 오늘날 모든 나라들을 아르헨티나처럼 쓰러뜨릴 수 있는 금융화의 가장 위험한 요인들을 무장해제시키려고 시도했다.

그런데 국제기구들은 이들을 무장해제시키는 대신 이들에게 다시 무기를 쥐어주었다. 세계 강대국의 중앙은행장들이 결정한 정책이었다. 금융위기 이전에 맛보았던 탐욕에 도취된 민간은행들은 시장성 없는 자산을 비싼 값을 주고 매입했고, 더 이상 자신들의 본분을 다하지 못하게 되자 기업과 가계에서 돈을 빌리기 시작했다. 결국 중앙은행들은 차례차례 돈을 찍어내며 이 시장성 없는 상품들을 다시 사들였다. 이 정책을 양적완화라 부른다. 2008년 이후 전세계 주요 6개 중앙은행장들은 자신의 컴퓨터에서 전자 소스 코딩 라인을 작성하며 무에서 8조 달러라는 '진짜 돈'을 만들어내기 위해 노력했다. 시장성 없는 자산에 대한 대가로 그 돈을 전 세계 은행들에 서둘러 나누어준 것이다.

세계 화폐의 전당을 보호하는 역할을 해야 할 중앙은행들이 이런 식으로 유독성 상품들을 자신들의 결산에 채워넣었다. 은행 지

• • •

58 미국 연방준비제도 의장을 역임한 경제학자로, 1980년대 초의 인플레이션을 극복한 것으로 높은 평가를 받은 인물이다.

폐로 가득 찬 상자에 곰팡이를 옮겨둔 것이나 다름없었다. 그들에게는 다른 합리적 선택의 여지가 없었고, 그렇게라도 하지 않았다면 국제 금융 시스템은 심장마비를 일으켰을 것이다. 이렇게 민간 은행들은 다시 전속력으로 이윤을 되찾았고 투기 활동을 재개하기 위해 이 요행을 마음껏 즐겼다. 그리고 그들의 보너스 수준에 대해 말하자면, 2008년 전 세계의 금융 시스템을 파산 직전까지 몰고 갔던 월가의 은행가들은 2013년에 267억 달러를 나눠 가졌다. 2008년보다 100억 달러나 많은 금액이다.[59]

민간은행들에는 사용하지 않은 재원이 넘쳐난다. 그래서 일부 은행은 라틴아메리카 마약 카르텔의 돈 세탁을 도운 혐의로, 또 다른 일부는 고의적으로 미국 고객들을 속인 혐의로 막대한 벌금을 부과받았지만 그것에 개의치 않고 시장에 단 한 가지 메시지만을 남겼다. "이것도 나쁘지 않아!" 2009년부터 이들 미국 은행과 유럽 은행들은 미국 정부에 1,280억 달러의 벌금을 냈지만 어느 누구도 이로 인해 금전적 어려움을 겪지 않았다. 왜냐하면 여전히 2009년 이후에 미국 은행들이 얻은 이윤만 5천억 달러 이상에 이르기 때문이다.[60]

• • •

59 뉴욕 주 감사원(New York State Comptroller) : 1인당 평균 164,530달러의 보너스.

60 미국 연방예금보험공사(FDIC), 월스트리트 저널(*Wall Street Journal*), 로이터(Reuters).

2장 : 21세기 경제에서 어떻게 살아남을 것인가

기업들도 이러한 움직임을 따르고 있다. 그들 역시 자신들이 축적해둔 이윤으로 무엇을 해야 할지 모르고 있다. 상장기업인 미국의 500개 대기업들은 2013년에 이윤의 95%를 주주들에게 나눠주었다.

과거의 돈을 미래를 위해 다시 투자하고자 하는 프로젝트나 열망, 의지가 멈춰 선 것은 기업들의 어마어마한 현금자산 수준에서 그 이유를 찾을 수 있다. 2013년 말, 미국 기업들은 1조6천억 달러의 현금자산을[61] 보유하고 있었고 유럽, 아프리카, 서아시아의 기업들은 1조 달러 이상의 자산을 쌓아두고 있었다.[62] (2013년 말) 모금된 사모펀드에서 아직 투자되지 않은 자본만큼의 금액이었다.[63] 금융 용어로는 이를 '드라이 파우더dry powder(아직 투자되지 않은 펀드 자금을 뜻하는 말로, 과거 전쟁 준비를 위해 마른 화약을 비축한 데서 유래했다.-옮긴이)'라고 한다. 실제로도 소수 특권자들에게 돌아가는 관리 수수료 말고는 아무것도 가져다주지 못하는 아주 잘 마른 가루였던 것이다.

'이 따위를 위해서!' 전 세계적으로 민간 부문에서 일하는 사람

• • •

61 신용평가기관 무디스.

62 회계감사 및 컨설팅 전문 업체인 딜로이트에 따르면, 2013년 말 전 세계적으로 기업들이 보유한 유동자산이 3조5천억 달러였다.

63 http://www.preqin.com

들은 더욱 생산적이 되어야 한다는 압력을 지속적으로 받고 있다. 그리고 무엇보다 위협적인 압력이 되는 것은 실업이다. 전 세계의 실업자는 2억 명에 이르는데, 이중 7천5백만 명이 25세 이하의 젊은이들이다. 젊은 세대가 윗세대들보다 세 배나 더 많이 실업을 겪고 있다. 이러한 비극은 유럽과 서아시아에서 두드러지는데, 이 때문에 스스로 종교적 입장이라 미화하지만 실제로는 외국인 혐오라 할 수 있는 그릇된 믿음이 빠르게 퍼지고 있다. 이들 2억 명의 실업자에 더해 하루 2달러 이하로 살아가는 8억 3천9백만 명의 노동자들이 있다.[64] 전 세계 기업들은 지속적으로 '경비 절감'을 실행하고 있고, 노동자들이 끊임없이 더 능률적이고 경쟁적으로 일할 수 있도록 매일매일 압박의 끈을 놓지 않고 있다. 로봇이 그들을 대체하게 되는 날까지 말이다.

바로 이것이 21세기 신경제의 현실이다. 세계화와 급격한 디지털화를 겪고 있는, 과도하게 금융화된 경제. 하지만 이윤을 재투자할 만큼 인간에 대한 애정이나 미래에 대한 확신이 충분치 않다.

• • •

64 국제노동사무국(International Labour Office)

인간을 다시 중심에 놓기 위한 실마리 :
인간의 의식 그리고 공유와 나눔

신경제의 덫에서 어떻게 벗어날 수 있을까?

나는 두 가지, 단 두 가지 가능성만이 떠오른다. 첫 번째는 무슨 일이 있어도 피해야 하는 경우다. 바로 자의든 타의든 신경제의 원자로에서 사고가 터지는 잿빛 시나리오다. 다시 말해, 인간들은 점점 더 설 자리를 잃어가는, 세계화되고 디지털화된 금융시장에서 일어나는 불상사다.

사고라는 잿빛 시나리오

세 가지 사고가 일어날 수 있다. 발생 확률은 셋 모두 동일하다.

• 2008년에 버금가는 금융위기. 하지만 세계 시스템으로는 이를 막기 어려울 것이다. 간접적인 경험으로나 또는 가장 가까운 곳 뉴욕에서 겪어본 결과 나는 세계 금융이 파산 일보 직전까지 갔었다는 점을 알 수 있었다. 행운이든 구세주의 덕이든 파산은 면했다. 그러나 그런 일이 있은 뒤 어디에도 다음 화재를 예방하기 위한 방화벽은 제대로 설치되지 않았다. 다음 화재는 어디서 일어날까? 세

계 경제 둔화로 인해 채권 폭락이 야기될 유럽? 아니면 은행이 파산할 중국? 그건 별로 중요하지 않다. 서로 연결된 금융 시스템 안에서 화재가 일어난다면 발화점이 어디든 아주 멀리까지 번질 것이다. 그것도 아주 빠르게.

• 주식시장 로봇들의 우발적 폭주. 이 사고는 이미 작은 규모로 일어났다. 2010년 5월 6일 뉴욕의 주식시장에서는 '플래시 크래시'라 부르는 일이 벌어졌다. 당시 주식 거래의 3분의 2가 알고리즘으로 운영되는 로봇에 의해 이뤄지고 있었다. 미국 증권거래위원회에서 미국 주식시장 감독관에 이르기까지 아무도 알지 못하는 이유로 주식시장의 로봇이 과도하게 움직였고 이로 인해 단 20분 만에 주식 가치로 8,620억 달러를 없애버렸다.[65] 그래서 주식시장의 대폭락을 제압하기 위해 최후의 순간에 인간이 개입해야 했다. 결국 뉴욕 증권거래소 소장이 주식시장의 '콘센트를 빼버렸다.'(수십만 건의 거래를 임의로 취소했다.)

우리가 미리 나서지 않는다면 더 큰 규모의 플래시 크래시가 또 발생해 서로 연결돼 있는 여타 금융 센터에 타격을 가할 것이다.

• • •

65 2015년 4월 21일 영국인 선물 트레이더 나빈더 싱 사라오가 체포되기 전까지는 아무도 그 이유를 몰랐다. 나빈더 싱 사라오는 런던 교외에 있는 자신의 집에 설치한 컴퓨터와 운영 소프트웨어를 이용해서 미국 주식시장을 조작했다. http://www.standard.co.uk/business/business-news/london-man-arrested-in-investigation-over-2010-stock-market-flash-crash-10194154.html.

2장 : 21세기 경제에서 어떻게 살아남을 것인가

이러한 위험은 앞으로 더 커질 것이다. 자동으로 거래되는 주식의 양이 늘어날 뿐 아니라 거래 속도도 계속 빨라지고 있기 때문이다. 미국 주식 거래의 절반을 차지하는 이러한 극초단타 매매는 빛의 속도 이상으로 주문이 처리된다. 이제 주식시장의 로봇은 눈 깜짝할 새(1,000분의 1초)에 600건 이상의 주식 거래를 실행할 수 있다. 누가 이보다 더 빠를 수 있을까?

• 고의 공격. 금융 자산을 모조리 증발시켜버릴 수도 있는 디지털화된 세계 주식시장의 이런 사고는, 상호작용하는 기계들의 복합성으로 인해 우연히 발생할 수도 있고, 금융 센터를 파괴하려는 계획적 공격으로 인해 발생할 수도 있다. 2014년 여름, 신원이 확인되지 않은 해커 무리가 미국 최대 은행(JP모건)의 컴퓨터 시스템에 침입해 (그 사용 목적은 아직 불분명하지만) 미국 7,600만 가정의 개인정보를 훔쳐 갔다. 이런 상황에서 오늘날 어떤 금융 데이터와 정보가 안전하다고 할 수 있겠는가? 어떤 은행과 금융 센터가 자신들은 이러한 침입 위험을 완벽하게 방어할 수 있다고 자신 있게 말하겠는가? 2014년 4월, 세계 1위 보험회사 악사의 앙리 드 카스트리Henri de Castries 회장은 사이버 위험이 곧 교통사고, 자연재해, 전쟁을 앞서는 전 세계 보험회사의 가장 큰 위험이 될 것이라고 밝히기도 했다.[66]

• • •

66 레제코(*Les Échos*)와의 인터뷰(2014. 4. 23.)

간단한 전자장부 조작으로 누구나 언제 어디서든 몇 번의 클릭으로 계좌를 비우고 사라질 수 있다는 사실을 알면서도 자신의 인터넷 계좌를 마음 편히 들여다볼 수 있는 사람이 어디 있을까? 중앙은행이 코딩라인 입력으로 수조 원의 현금을 투입한다면, 또 다른 코딩라인 입력으로 역시 쉽게 이 수조 원의 현금을 없앨 수도 있지 않을까? 장기 투자가와 자산관리 컨설턴트들은 이런 위험에 철저히 대비하고 있다. 현재 이들은 오로지 실체가 있는 자산, 즉 기업, 실물경제, 부동산, 농지 등에만 투자를 하고 있다. 이들의 선택은 분명 옳다. 하지만 우리가 걱정하는 문제는 결산이나 자산 현황을 합리화하는 것과는 관련이 없다. 우리에게 중요한 것은 경제적, 재정적, 사회적 붕괴를 피하는 것이다. 만약 피하지 못한다면 1929년의 대공황이나 2008년의 금융위기는 그저 부차적인 현상이었다고 여길 만큼 큰 붕괴를 맞이할 테니 말이다.

우리 사회를 다시 옳은 방향으로 돌려놓기 위해 새로운 대홍수, 이번에는 금융 대홍수를 기다려야 할까? 다시 말해, 경제가 금융에 예속되거나 인류가 세계화된 경제에 예속되기보다는, 금융을 경제의 힘으로 통제하고 세계화된 경제를 인류의 힘으로 통제하는 것 말이다. 안락과 나태에 빠져 알고리즘과 로봇이 우리의 선택까지 대신하게 내버려두는 대신 이들을 지배하여 우리의 종복이 되게 하는 것, 그리고 독점 디지털 제국들에게 내주었던 우리의 주권을 되찾는 것 말이다. 디지털 제국들은 세계의 국가들보다 강하고, 미래에 기계 병사와 군대를 양성할 수 있다. 또한 "사악해지지 말자. Don't be evil.(구글의 비공식 구호 또는 모토다. 나쁜 짓을 하지 않고도 돈을 벌 수 있음을 보여주자는 뜻. 하지만 구글은 이 구호와 관련하여 다양한 반발에 부딪혔다.-옮긴이)"라는 아무도 속지 않을 구호를 내세우며 포식성 상업 행위를 해나가는 대담함 혹은 파렴치함을 지니고 있다.

"사악해지지 말자." 누가 우리를 이 악에서 해방해줄 것인가? 바로 이 해방에 대한 시나리오가 두 번째이자 마지막 시나리오다. 기계나 금융보다 더 우위에 있는 권위의 힘을 빌려 인간 스스로 신경제의 덫에서 해방되는 것이다.

해방 시나리오

샤를 드골은 "현실 밖에서는 아무것도 만들어지지 않는다."라고 말했다. 그런데 인간이 중심이 되는 세계 경제와 사회를 창조 또는 재창조하기 원한다면 먼저 단순한 사실부터 확인해야 한다. 어떤 금융 권력도 2014년의 금융화된 세계 경제의 화력에 감히 맞설 수 없다는 것이다. 이와 마찬가지로 아무리 정교하고 강력한 국가나 정부 기관이라 할지라도 오늘날의 인공지능 시스템, 즉 100억 개의 사물을 인터넷에 연결할 수 있는 네트워크 컴퓨터의 초인적 속도에

는 필적할 수가 없다.[67]

다행히도 인간에게는 훨씬 더 뛰어난 도구가 있다. 모래알이나 겨자씨만큼 작은 이 도구는 기름을 지나치게 잘 친 기계 안에서 작은 돌멩이만큼이나 작동을 방해한다. 그리고 작은 돌멩이만큼이나 성가시다. 이 '작은 돌멩이'를 선조들은 라틴어로 '스크루풀룸scrupulum'이라 불렀다. 이 양심의 가책scrupule(작은 돌멩이라는 뜻의 어원 'scrupuls'에서 나온 말-옮긴이)은 신발 안에 들어간 뾰족한 돌멩이처럼 재앙을 향해 너무 빨리 나아가는 것을 막아준다.

양심의 거리낌 또는 의식의 깨어남. 우리 인간성을 말살하려는, 실리콘밸리의 위험한 선구자들의 말로 하면 '초인간transhuman으로 만들려는' 이 신경제에 맞서는 최고의 치유책은 바로 인간의 의식이다. 어떤 정교한 기계도, 어떤 전체주의도(초인간주의도 전체주의의 하나라는 데에 이론의 여지가 없다), 어떤 금액의 돈도 인간의 의식을 매장해버릴 수 없다. 특히 지난 세기, 알렉산드르 솔제니친에서 레흐 바웬사, 엘리 위젤, 넬슨 만델라, 간디, '우리 편에게 은신처를 제공했다는 이유로 라벤스브뤼크 강제 수용소에서 마지막으로 사망한 여성'[68], 카롤 보이티야Karol Wojtyła 그리고 바츨라프 하벨Václav Havel에

• • •

67 출처: IMS

68 1964년 12월 19일 장 물랭(Jean Moulin)의 유골을 판테온으로 이장할 당시 앙드레 말로의 연설

이르기까지 역사가 이를 증명해주고 있다. 인간의 의식은 20세기에 전체주의를 이겨냈던 것처럼, 21세기에 다시금 기계와 금융을 지배할 것이다.

"망치를 가진 사람에게는 모든 게 못으로 보인다."라는 말이 있다. 실리콘밸리와 인도의 벵갈루루 그리고 중국 중관춘(각각 인도와 중국의 IT도시-옮긴이)의 몇몇 기업가와 엔지니어들에게 인간이란 그저 뼈와 살덩어리 그리고 방정식과 분자로 단순화할 수 있는, 즉 무한히 재배합하고 바꿀 수 있는, 지능을 가진 존재일 뿐이다. 또한 월가와 시티오브런던, 홍콩의 몇몇 금융가들은 인간을 일련의 캐시플로cash-flows, 즉 일할 능력과 가치를 높여 활용할 자산으로 여길 뿐이다.

하지만 이들이 이미 일부분 실패했다는 것을 우리는 알고 있다. 파리에 있는 13세기의 성당학교, 콜레주 데 베르나르댕은 두 세기 동안 무덤에 갇혀 있다가 2004년 땅속에서 나와 새롭게 태어났다. 프랑스 혁명도 거쳐 간 이 콜레주 데 베르나르댕에서 진행한 연구에 참여한 적이 있는데, 그때 '휴먼 브레인 프로젝트Human Brain Project'와 텔아비브의 바르일란 대학교가 수행한, 인간 두뇌에 대한 최첨단 연구가 거론된 적이 있다. 이들 연구자 가운데 한 명은 이렇게 말했다. "단 하나, 인간의 의식을 제외한 인간 두뇌의 모든 기능을 분리하는 데 성공했다. 언젠가 이를 복사해낼 수도 있을 것이다."

거기에 인간의 의식은 포함되지 않았다. 신경제의 선두주자인 미국에서는 이 의식의 목소리가 자선이라 불린다. 바로 '돌려주기 give-back'이다. 매해 미국 가정의 95%가 총 3천억 달러 이상의 돈을 자선 단체에 보내고 있다.[69] 이것이 신경제의 덫을 피하고 인간을 다시 중심에 놓기 위한 첫 번째 실마리다.

두 번째 실마리는 유럽에서 찾을 수 있다. 느리지만 꾸준하게 떠오르고 있는 공유경제가 바로 그것이다. 유럽인들은 인적 자원과 천연 자원이 한정되어 있다는 의식이 남다르다. 다른 사회에 팽배한 적대적이고 중상주의적인 태도를 취하기보다는 화폐 거래를 최대한 피하는 공유라는 흔치 않은 선택을 하는 것이다. 공유경제에서는 자동차를 함께 이용하거나 주택과 숙소를 공유하거나 서로 교환하는 등으로 인간의 권리를 다시 설정한다. 지역사회도 마찬가지다. 재산을 소유하지 않고 사용하려는 공유경제의 앞날은 아주 밝다.[70]

미국식 자선과 유럽식 공유. 아시아도 여기에 뒤지지 않는다. 알리바바의 설립자이자 중국 최대 부호인 마윈Jack Ma은 21세기 초 최대 자선가로서의 역량을 보였다. 또 그는 중국인들에게 새로운

• • •

69 출처: 전미자선신탁(National Philanthropic Trust)

70 2012년 영국인 세 명 중 두 명, 독일인 네 명 중 한 명이 '공동소비자'였다. 〈유럽의 공유경제 L'économie du partage en Europe〉(Arte, 2013. 7.)

성장 모델로서 영감을 주고 있다.

공유와 자선. 그 어떤 알고리즘도 결국 승리를 맛볼 인간 의식의 발현을 흉내 내거나 예측할 수 없다. 하지만 전속력으로 인간성을 파괴하고 있는 신경제 안에서 어떻게 하면 인간의 의식이 늦지 않게 되살아나도록 할 수 있을까?

기술적 방법을 중기적으로 연구해볼 필요가 있다. 규제나 소비 인증제도와 같은 수단을 갖춘 국제기구(국제통화기금, 세계은행, 유엔)와 함께 말이다. 우리 경제의 세계화, 디지털화, 금융화에 대해 '인간 중심'의 인간적인 규범을 세계적으로 도입해야 할 순간이 왔다. 기업들 그리고 금융 기관들과 협력하면서 이들이 부를 생산하는 과정에서 초인간이나 기계보다는 인간을, 탐욕스러움보다는 (주주, 경영자, 노동자들의) 자선을, 포식보다는 공유를 우선시하도록 유도해야 한다. 이를 위해서는 기업과 금융 기관에게 구체적이고 실질적인 혜택을 줄 수 있도록 해야 한다. 그리고 부를 생산하는 과정에서 일자리를 늘리는 것에만 의의를 두어서는 안 된다. 물론 일자리 창출도 필요하지만 그것만으로는 충분하지 않다. 노동조건과 노동이 환경에 미치는 영향까지 고려해야 한다(그리스도교인들은 환경을 신의 창조물로 생각한다). 점점 더 그 수가 많아지는, 생산경제에 직접 참여할 수 없는 사람들의 삶의 조건도 당연히 함께 고려해야 한다.

바로 이것이 이 국제기구들을 비롯해 신경제의 발전에 책임이 있고 신경제의 선봉에 서 있는 모두가 시급히 시작해야 할 진정한 행동 계획이다. 월가와 홍콩의 금융가들에서부터 실리콘밸리와 베이징의 엔지니어, 그리고 우리가 살아갈 미래의 세상을 준비하고 있는 런던, 베를린, 텔아비브, 벵갈루루 그리고 모든 기술 금융 '허브'까지 모두 동참해야 한다. 이 계획을 실행하려면 시간이 많이 필요할 것이다. 하지만 바로 지금, 인간성을 점점 잃어가고 있는 경제 안에서 인간의 의식을 살려내야 한다. 이를 위해서는 최후의 수단이 될 도약판이 필요하다. 그 도약판은 드높은 도덕적, 정신적 권위가 마련해줄 것이다.

나는 꿈꿔본다. 가까운 미래의 어느 날, 인간의 의식이 사라져가는 야만적인 세상에서 도덕적, 정신적 권위를 부여받은 한 사람이 일어나 순례의 길을 떠난다. 아무런 제한도 예외도 두지 않고 모든 세계적 종교의 지도자들과 함께 세계 경제의 중심이자 유엔 본부가 있는 뉴욕으로 향한다. 그리고 그들은 21세기의 경제, 금융, 정치 지도자들에게 단순한 메시지를 전한다. "이 장벽을 허물어버리시오." 1978년부터 교황을 지낸 요한 바오로 2세와 1987년 베를린 장벽을 무너뜨리자 촉구했던 로널드 레이건이 그랬던 것처럼 세계 지도층에게 이 말도 안 되는 벽을 허물어버릴 것을 촉구한다. 인간을 갈라놓고 인간 사이에서 불평등과 경쟁심, 폭력을 심화시키는 이 광기 어린 돈의 벽, 인간성을 박탈하는 기술의 벽을 말이다. 이

벽은 보이지는 않지만 그 힘은 대단해서 인간으로 하여금 영혼 없는 기계를 위해 민주적, 경제적, 사회적 삶을 저버릴 것을 강요하고 있다.

"이 장벽을 허물어버리시오." 누가, 너무 늦지 않게, 인간을 우위에 서게 해줄 이 인간의 의식을 불러일으킬 수 있을까?

3장

공존을 위한
프란치스코 교황의 해법

"우리는 돈이 우리 자신과 우리 사회를 지배하도록
순순히 받아들이고 있습니다. 우리가 겪고 있는
현재의 금융위기는 그 기원에 심각한 인간학적 위기가 있다는 것도 간과하게
만들고 있습니다. 곧 인간이 최우선임을 부정하고 있는 것입니다!
우리는 새로운 우상을 만들어냈습니다. 고대의 금송아지에 대한 숭배가
돈에 대한 물신주의라는, 그리고 참다운 인간적 목적이 없는
비인간적인 경제 독재라는 새롭고도 무자비한 모습으로 바뀌었습니다."

─《복음의 기쁨》 55항 중에서 ─

프란치스코 교황의
세계적 리더십

2015년 2월 23일, 나는 한 달 일정으로 뉴욕과 워싱턴D.C.에 갔다. 그곳에서 내 직업상 필요에 따라 그리고 여행을 겸해 몇몇 외교적, 정치적, 경제적 접촉을 구상했다. 항상 우여곡절이 많은 이 두 도시에서 지난 10년간 보기 힘들었던, 매우 획기적인 사건을 만들어내기 위해서였다.

'획기적이고 유례가 없는 … 역사적 사건.' 프란치스코 교황의 방문에 대한 미국인들의 열망은 대단했다. 교황이 미국 의회에서 자기 뜻을 밝힌 적은 단 한 번도 없었다.

교황은 유엔에서 평화를 위한 연설을 할 것이다. 이는 바오로 6세가 베트남 전쟁이 한창이던 시기에 숱한 사람들의 영혼과 양심을 일깨운 지 50년 만의 일이다. 교황은 이제 종교들 사이의 화해뿐만 아니라 미국 사회, 경제계와 금융계, 대화가 필요한 다른 모든 이들을 향하여 일련의 행위와 제안을 할 것이다.

"놀라운 일이군. 교황이 뉴욕을 방문하는 건 처음 아닌가, 그렇지?" 사람들의 열망은 이전에 있었던 두 교황의 방문을 무색하게 했다. 1979년과 1995년에는 요한 바오로 2세가, 2008년에는 베네딕토

16세가 두 도시를 방문했으니 말이다.

이번의 교황 방문은 특별한 기대를 불러왔다. 뉴욕에 기반을 둔 미국의 주요 여론 형성 기관의 한 지도자는 나에게 이렇게 이야기했다. "세계적 리더십이 부재한 상황에서 프란치스코 교황은 단 하나의 진정한 전 세계적 지도자입니다."

프란치스코 교황이 세계적 지도자라는 점만큼은 틀림이 없다. 현재 세계가 맞닥뜨린 난관은 국가나 종교, 경제를 비롯하여 특정 이해관계를 초월한 세계적 리더십을 요구하고 있다. 환경파괴, 기후 변화, 불평등 심화와 빈곤, 평화를 위협하는 분쟁의 해결이라는 과제는 더 이상 한 나라나 집단의 역량으로는 감당할 수 없다.

경제 문제에 있어서도 마찬가지다. 미국 금융의 무절제함이 촉발한 2008년 위기 이래로 그 해결은 세계적 협조에 사활이 걸리게 되었다. 그러나 리더십 결여로, 각 국가들이 금융위기에서 벗어나기 위해 화폐, 중앙은행, 법적 제도 등을 자신들의 이해에 따라 운영함으로써 세계적 협조가 충분히 이루어지지 못하고 있다.

기술 문제도 마찬가지다. 급속한 혁신 과정 속에서 디지털 기업들에 의해 국가와 그 영토를 기반으로 한 권리가 크게 침해받고 있다. 그 기업들은 국경을 넘어 자신들의 법칙을 관철시키고 있다. 하지만 모두가 수용할 수 있을 만한 국제적 규범은 전혀 찾아볼 수 없다. 인간을 마음대로 다루는 기술이나 개인정보와 사생활 정보를 빨아들이는 디지털 플랫폼의 정보 약탈에 대한 규제도 제대로 이루어지지 않고 있다.

프란치스코 교황은 이런 상황을 해결해나갈 세계적 리더십을 구현할 수 있을까? 몇백 년 전부터 도덕적, 정신적 권위를 비롯하여 모든 지배적인 것을 조롱하는 나라에서 자란 나는 이런 질문이 회의주의는 물론 경멸마저 불러일으킬 수 있다는 점을 잘 안다.

그러나 진실은 이러하다. 프란치스코 교황은 개인의 이력, 예수회 수련 과정, 교황이 되고부터 취한 행보 덕에 전 세계에서 권위를 인정받고 있다. 교황이 가톨릭교회의 직접적인 특정 이해에 매달리지 않을 뿐 아니라 그런 행위를 냉정하게 비판하고 개혁하면서 오히려 우리가 공동선이라 부르는 것을 위해 힘쓰는 점에 사람들은 신뢰를 느낀다. 모두를 위한 관심. 교황은 대변자가 없는 사람들이나 우리가 귀 기울이거나 보고 싶어 하지도 않는 사람들을 위해 애쓴다. 람페두사 섬의 난민. 롬 민족Roms(흔히 집시로 알려진 유랑민족으로, '집시'는 영어권에서 경멸이나 부정적인 뜻을 담아 쓰는 용어이다.-옮긴이). 1915년에 거의 몰살된 아르메니아인(이들에 대한 지원은 터키와 심한 외교적 갈등을 일으킬 수 있었지만 2014년 11월 29일 터키는 교황을 이스탄불로 초청하여 환대했다). 이스탄불 방문 기간에 교황은 이슬람교 최고 지도자 라흐미 야란Rahmi Yaran과 함께 메카를 향해 기도했다. 터키 인접국들(특히 시리아와 이라크)에서 이슬람교도와 그리스도교도가 서로 학살을 자행하고 있던 때였다. 마음이 약해서도 상대방에게 환심을 사기 위해서도 아니었다. 교황은 그런 사람이 아니었다. 단지 신은 하나이며 우리는 같은 신의 자식들이라는 메시지를 전하기 위해서였다. 지금은 우리가 서로 죽이는 행위를 멈춰야 할 때이다. 이 눈물의 계곡에서 함께 나아가기 위해 서로의 차이를 받아들여야 하는 것이다.

사실은 이러하다. 오래된 유럽이나 세계를 지배하는 서양이 아닌, 경제 위기를 겪고 있는 남반구 한 나라의 출신인 프란치스코 교황은 21세기의 현실을 잘 알고 있으며 21세기에 어울리는 화법을 구사한다. 모두가 이러한 사실을 알고 있다. 교황은 오늘날 사람들이 귀를 기울이는 단 한 사람의 지도자다. 버락 오바마도, 시진핑도, 달라이 라마를 포함하여(티베트 문제에 따른 중국과의 관계를 고려할 때) 다른 어떤 종교 지도자도, 어떤 과학자, 지식인, 작가도 세계적 권위를 부여받지 못하고 있다.

프란치스코 교황의 리더십은 나와 대화를 나눈 한 미국인의 마음에 큰 영향을 미쳤다. "교황의 자유로움과 겸손함은 참으로 놀랍습니다. 우리가 교황의 말과 행동을 깊이 신뢰하는 건 그 때문이죠. 교황은 낡고 관료화된 기관의 포로가 된, 답답하고 구태의연한 지도자가 아닙니다. 교황은 유연한 행보를 취하면서도 자신의 임무를 성공시키기 위해 자신이 몸담은 기관을 확실히 개혁해야 한다는 점을 알고 있죠. 그리고 그를 위해서는 거침없이 행동합니다. 우리는 그 점을 좋아하는 거죠. 기업 경영자처럼 시대의 필요에 부응하는 점 말입니다. 우리는 현실의 관리자나 열심히만 하는 착한 학생은 필요 없습니다. 변화를 불러올 실천가가 필요할 뿐이죠."

내가 대화를 나눠본 몇몇 사람들은 자신들의 생각을 뒷받침하기 위해 2014년 12월 22일 송년 행사에서 프란치스코 교황이 로마 교황청의 '15가지 질병'을 열거하며 추기경들에게 한 호된 질책을 예로 들었다.[71] "경영에 큰 도움이 될 교훈입니다. 그래서 주요 협력자들에게 벌써 알려줬지요."

프란치스코 교황의 미국 방문에 큰 기대가 모아지는 이유는 교황의 인품과 그 방문 시점에서 찾을 수 있다. 또한 세계 체제는 물론 미국 사회 역시 리더십의 부재로 문제를 겪고 있기 때문이기도 하다.

미국 대선 한 해 전에는 당선을 위해 다양한 연합을 도모한다. 민주당과 공화당 당원들을 두루 만나고 나니 그 점을 확인할 수 있었다. 양 진영의 예비 후보들은 모두 교황의 이런 움직임을 '끌어들이려고' 노력한다. 힐러리 클린턴은 뜻밖의 라이벌인 메릴랜드주

• • •

71 http://www.la-croix.com/Religion/Actualite/Pape-Francois-le-texte-integral-du-discours-des-15-maladies-2014-12-24-1258379, 3쪽.

주지사이자 가톨릭 신자 마틴 오맬리Martin O'Malley에 맞서 자신의 선거운동 책임자인 존 포데스타John Podesta를 전면에 배치할 것이다. 포데스타 역시 가톨릭 신자인데, 아내 컬럼바를 따라 가톨릭으로 개종한 젭 부시Jeb Bush, 마르코 루비오Marco Rubio, 뉴저지 주지사 크리스 크리스티Chris Christie[72] 등 공화당의 예비후보 대부분이 가톨릭 신자인 점이 큰 영향을 미쳤을 것이다. 그 외에 테드 크루즈Ted Cruz, 릭 샌토럼Rick Santorum, 보비 진덜Bobby Jindal, 조지 파타키George Pataki 등 그 목록은 계속 이어진다.

교황은 경제에 관해 어떤 이야기를 하려는 걸까

　물론 긍정적인 기대와는 반대로, 교황이 상대방을 놀라게 하며 밀어붙이기를 좋아하는 것 아니냐며 돌발적인 면에 대한 우려를 제기할 수도 있다.

• • •

72 이 주제에 관해서는 2015년 5월 21일자 타임지에 실린 엘리자베스 디아스(Elizabeth Dias)의 기사 〈키스 더 링Kiss the Ring〉을 참조.

그런데 놀라운 일이 있다. 많은 기대들, 특히 사회와 경제 문제에 매우 보수적인 견해를 지닌 한 성직자의 반응을 보면 매우 놀랄 지경에 이른다. "교황님이 뉴욕에 오신다고요? 모금하기 정말 좋은 기회군요!" 매우 큰 영향력을 지닌 돌란^{Dolan} 추기경이 관장하는 뉴욕의 대주교 교구에서 들은 이야기다. "아시겠어요? 성패트릭 성당을 개축하려면 우린 1억8천만 달러를 모금해야 합니다. 그러니 교황님이 꼭 맨해튼에 오셔야 한다고요." 이것이 브롱크스 제17지구를 필두로 도시에서 가장 빈곤한 지역에서 가장 먼저 교황을 보게 되리라는 내 희망에 대한 답변이었다. 더욱이 그는 생제롬^{Saint-Jérôme} 본당 소속이었다. 생제롬이라면 돈도 없이 맨몸으로 영어나 스페인어도 모르는 채 들어온 수많은 멕시코계 사람들을 미국 사회에 통합시키기 위해 받아들인 줄리아 수녀님이 있는 곳이다. 또 이 본당은 한 세기 전에 밀항 이민한 아일랜드인을, 그 다음에는 이탈리아인, 아프리카계 미국인, 푸에르토리코인을 차례로 받아들인 곳이기도 하다.

프란치스코 교황을 브롱크스나 할렘에서 보는 것, 또는 미국 어느 감옥의 성당에서 재소자들과 교황이 만나는 것을 보는 것과, 5번가의 대형 간판들과 고급 상점들 사이에 박혀 있는 성패트릭 성당을 개축하기 위해 1억8천만 달러의 자금을 조달하는 행위가 양립할 수 있을까?

하긴 미국에서는 돈 부족이든 주식이든 투자든 항상 돈이 대화의 중심이 되는 것과 별반 다르지 않은 모습이다. 교황 방문과 관련해서도 마찬가지다.

그런데 오늘날 미국 정치를 완전히 지배하는 돈의 세계는 프란치스코 교황의 경제에 관한 견해와 전혀 어울리지 않는다. 외부인이 하는 낯선 말이 미국 민주주의 속에서 돈이 차지하는 독점적 지위에 균열을 가져올 수 있을까? 미국에서 대통령, 의원, 심지어 사법관으로 선출되기 위해서는 우선 자금 마련을 위한 캠페인을 벌여야 한다. 대선의 마지막 선거운동에는 6백만 달러까지 쏟아 붓는다. 국회의원 '중간' 선거에는 4백만 달러의 비용이 든다. 다음번에는 아마도 그 두 배가 들 것이다. 그리고 개인이나 사적 단체의 선거운동 자금 조달에 제한을 둘 수 있도록 하는 모든 생각들을 물거품으로 만든 2010년 연방 대법원의 결정에 따라 점점 더 그렇게 될 것이다. 미국 수정 헌법 제1조 표현의 자유에 근거하여 취한 조치였다. "돈은 발언의 한 형태다."[73] 정치 캠페인에 제공된 돈이 표현의 한 형태라면 우리는 어떤 근거로 그 기본적 자유를 제한할 수 있을까?

미국은 이렇듯 타락을 불러일으킬 수도 있는 결정을 했다. 이

. . .

[73] 정치 캠페인을 위한 돈은 기본적인 표현의 자유이고 따라서 제한을 가해서는 안 된다. 대법원이 2010년 1월에 내린 이 결정에 관한 갤럽 조사에 따르면 미국인의 57%가 결과적으로 이에 동의하는 견해를 가졌다.

3장 : 공존을 위한 프란치스코 교황의 해법

결정이 자리를 잡고 합법이 되는 순간, 즉 정치 후보가 사적인 돈으로 제한 없이 자금을 조달하는 것이 용인되는 순간, 부패는 피할 길이 없을 것이다.

따라서 두 가지 신성함 사이에 갈등이 불거질 것이다. 정치를 포함한 모든 것에 대해 돈이 우월성을 갖는 미국의 전망과, 프란치스코 교황이 가진 전망 사이의 갈등 말이다. 그 둘 사이에는 엄청난 차이가 있기 때문이다.

이 갈등은 내가 대화를 나누는 과정에서 예감되었는데 그것은 마치 어떤 전선에서의 전초전과도 같았다.

조지 W. 부시의 옛 팀이었던 한 공화당원은 미국의 아주 큰 조직들을 여럿 관장하고 한 금융기업에서 일을 하면서 자기편이 끝내 권력을 되찾게 하려고 준비하고 있는 듯했다. 겉보기에도 그리고 실제로도 의회를 지배하고 있는 그는, 워싱턴D.C.에 있는 자기 사무실에서 프란치스코 교황의 워싱턴 방문에 우선은 찬성한다는 뜻을 나에게 밝혔다. 그러나 몇 가지 조건이 있었다.

"큰 실수가 없다면 이 방문은 큰 성과를 보겠습니다. 우리나라는 오래된 유럽의 세속화된 나라들보다 매우 신앙심이 깊기 때문입니다. 이곳 가톨릭교회는 초기부터 개신교의 도전을 받았습니다. 그러나 완전히 제자리를 잡았고 지금은 존경을 받고 있습니다. 20세기와 21세기 이민자들(아일랜드인, 이탈리아인, 남아메리카인) 덕분에 그것은 더욱 공고해졌습니다. 그런 조직의 대표인 만큼 프란치스코 교황은 환영받을 것입니다."

이게 다일까? "그저 비난만 하지 않으면 됩니다. 우리 약점, 우리 한계에 손가락질하지 말아야 합니다. 그렇지 않으면 역효과를 불러올 겁니다. 이 점을 특히 주의하십시오."

교황이 긍정적인 연설을 할 경우에 한해서 호의적인 지지를 보내겠다는 그는 무엇보다도 가톨릭이 미국에서 이룬 성취를 치하하길 바랐다. "가톨릭은 미국 사회에 매우 잘 뿌리내렸습니다. 가톨릭 학교들은 생활규범, 노동윤리, 가족의 가치 등에서 많은 성과를 보였습니다. 그리고 이 나라에서 중요한 사회적 자본을 만들어냈습니다. 이런 미덕들을 주저 없이 표현하길 바랍니다."

교육 … 그리고 기술! "이 나라는 혁신과 파괴, 진보의 나라입니다. 가톨릭은 이런 문화에 잘 적응했습니다. 벤처 기업을 방문해 볼 필요가 있습니다. 산업 기계들, 예를 들면 캐터필러사의 대형 기계를 조종하는 모습을 보면 굉장할 겁니다. 그것은 경제적 성공과 기술의 진보를 끌어안는 현대 교회를 상상하게 할 겁니다." 그는 단언했다.

이런 광고 선전용 이미지와 함께 잠시 침묵이 흘렀다. 그런데 왜 구글 안경과 아이워치를 착용한 교황의 우스꽝스러운 모습을 예로 들지 않는 걸까? 물론 그것들은 아무래도 좋다. 하지만 '캐터

필러사의 대형 기계'나 아이폰만큼 세계 경제에서 잘 기능하지 않는 것들은 그냥 무시하면 된다는 걸까? 경쟁이 첨예화된 이런 경제에서 더욱 깊어가는 불평등은 어떻게 생각하는 걸까? '가난한 이들 가운데 더욱 가난한 이들'에 대해서는 어떻게 생각하는 걸까? 가톨릭교회, 특히 교황은 이들을 최우선으로 생각한다. 나는 미국 경제의 기능장애에 대해서 이야기했다. 또 좋은 처지에서 태어나거나 좋은 교육을 받았을 때 얻을 수 있는 기회나 특권을 갖지 못한 이들이 겪는 어려움에 대해서도 이야기했다. '탈출구'는 이야기하지 않았다. 세계 경제에서 압도적인 힘을 발휘하는 '폐기처리 문화 culture du déchet'(소비사회의 효용이나 이윤 획득 가능성에 따라 인간을 분류하고 거기에 쓸모없는 이들을 폐기처분하는 문화. 이 문화는 인간 사회와 생태계에 대한 태도에서 마찬가지 모습을 보이고 있다고 교황은 말한다. 영어로는 junk culture-옮긴이)에 관한 교황의 최근 메시지에 대해서도 언급했다. 당신이 아주 어리거나 너무 늙었다면, 너무 느리다면, 학력이 좋지 않다면, 적응력이 뛰어나지 못하다면 당신은 배제될 것이다.

상대는 내 속셈을 금세 알아차리고 이렇게 말했다. "큰 실수만 없다면 교황 방문은 성공할 겁니다. 그런데 그 실수란 게 뭘까요? 어떤 게 있을까요? 그건 핵심적으로 교황의 견해, 말하자면 아르헨티나에 대한, 좀 더 부드럽게 말하면 그 경제에 대한 견해와 연결되어 있습니다."

그는 단도직입적으로 말했다. "프란치스코 교황은 아르헨티나 인입니다. 교황은 경제에 대해 많은 이야기를 하고 글로 씁니다. 하지만 여기선 그 말씀이 잘 통하지 않을 겁니다. 아르헨티나는 한때 세계에서 손꼽힐 정도로 부유한 나라에 속했습니다. 하지만 지금은 빚도 갚지 못하고 부패와 인플레이션에 허덕이고 있지요. 교황은 가난한 이들에게 더욱 다가가는 모습을 보이고 싶어 하나요? 좋습니다. 그러나 아르헨티나 경제로는 우리에게 교훈을 줄 수 없습니다. 우리 귀에는 들어오지 않을 겁니다. 가난한 이들에게 더 큰 관심을 기울이고, 돈을 재분배하고, 정부 권한을 키우고 세금을 늘리고 공무원을 늘리고, 그래서 사회를 발전시킨다는 생각은 사양하겠습니다. 여기선 안 먹힙니다."

정면 공격이었다. '돈에는 손대지 마, 이놈아!'[74] 빈틈없는 화술로 전하는 메시지는 한마디로 이거였다. 미국에서는 그 어떤 것도 심지어는 죽음을 두고도 조롱할 수 있다. 예를 들면, 핼러윈처럼 죽은 이들의 날이 유쾌하고 상업적인 축제가 되는 것이다(핼러윈은 모든 성인聖人들의 날 전야로, 모든 성인과 순교자, 신앙심 깊은 신도들을 기리는 3일간의 대축일 가운데 첫 번째 날 밤이다.-옮긴이). 모든 것을 조롱할 수

• • •

74 영화 〈총잡이 아저씨들Les Tontons flingueurs〉(조르주 로트너Georges Lautner, 1963)에 나오는 폴라스 선생님의 대사.

3장 : 공존을 위한 프란치스코 교황의 해법

있지만 돈은 아니다. 더욱 공정한 사회를 만들기 위해 재분배되었어야 할 돈은 더욱 아니다. 그런 사회라면 재산의 격차가 헤아릴 수 없을 만큼 벌어지지는 않을 것이다.

한 가지 점에서는 상대의 말이 맞다. 아르헨티나는 경제와 사회의 정치적 관리가 제대로 이루어지지 않은 본보기 가운데 하나다. 페론주의(아르헨티나의 전 대통령 후안 페론을 중심으로 한 정치 운동으로, 중앙 집중화된 정부와 권위주의적 성향, 자본주의나 공산주의가 아닌 다른 방식의 경제 발전 추구, 외세의 영향으로부터 자유로움 등을 그 특징으로 꼽는다.-옮긴이), 그리고 남아메리카에서의 다양한 그 변형은 자본주의의 대립물이다. 국가사회주의 경제 이데올로기는 그것이 창궐하는 국가들을 더욱 가난하게 만드는 약탈형 정치권력의 창출과 유지를 지지한다. 페론주의와 키르히너 대통령 체제의 아르헨티나가 걸어온 길을 보면 차베스의 베네수엘라, 푸틴의 러시아, 호세프Dilma Rousseff의 브라질, 10년 전부터의 그리스 역시 같은 길을 피할 수 없어 보인다. 우선 그들은 외국과 자본을 악마시하고 모든 잘못을 괴상하게 덧칠한다. 국경을 걸어 잠근 채 자본, 노동, TV 등 무엇이 됐든 가능한 모든 것에 세금을 물려 수입을 창출하려고 한다. 그리고 배임 행위(브라질의 페트로브라스 스캔들처럼[75])를 저지르거나 공직(예를 들어 지방공

· · ·
75 10년 전부터 브라질 석유 산업의 대기업 페트로브라스가 사법 기관(프랑스와는 달리 정치권력에 독립된

공단체^{collectivité locale76})을 지나치게 확대시키면서 자신들의 자리를 보전하기도 한다. 그들은 '외국'의 갖은 잘못들을 들추어 비난하면서 정작 자신들의 허물은 직시하려 하지 않는다. 그리고 인기주의, 국민감정에 영합하고 국가 빈곤화를 이용하여 가능한 한 재선에 성공한다. 그러나 만약 민주주의가 재선을 보장하지 않을 경우에는 속임수를 쓰거나 민주주의를 마비시킨다. 브라질처럼 아르헨티나에서, 러시아에서, 베네수엘라에서 최근의 현실이 자아낸 사건들을 따라가 보면 정적이나 재판관, 미디어를 떠들썩하게 장식했던 인물에 대한 암살, 경제와 정치 지도층의 만연한 부패(그들은 현 체제를 지속시키고자 하는 공통의 이해가 있다), 인플레이션, 실업, 불안 등과 만나게 된다. 그리고 사회 질서가 무엇보다도 필요한 시기가 오면 그때는 군대나 경찰의 독재로 회귀하고 만다.

상대의 주장은 견고했다. 그러나 가톨릭교회의 지도자가 세계 경제의 혼란상을 보며 전하는 메시지를 프란치스코 교황의 국적을 거론하며 축소시키는 그의 비판은 참으로 부정직하다.

• • •

검찰)으로부터 여러 정당들에 은밀히 30억 달러 이상의 자금을 뿌리고 브라질의 유력한 정치인 약 40명(하원의원 25명, 상원의원 6명, 주지사 3명)에게 뇌물을 주었다는 의심을 사고 있었다. 브라질 정치사상 가장 큰 스캔들에 모든 정당이 휩싸였는데 특히 현 연립정부도 포함되었다. 예를 들면 에너지부 장관을 역임했던 지우마 호세프 대통령은 비리가 벌어지던 당시 페트로브라스 이사장이었다.

76 매우 불행하게도 현재 그리스에서 실험되고 있는 모델이다.

"죽이지 않고 사람의 입을 막는 데에는 여러 방법이 있습니다."
바티칸에서 이야기를 나눈 한 사람이 나에게 해준 말이다. 나는 그
때 이해관계나 조직에 반하는 프란치스코 교황 측 사람에 대한 테
러 위험을 걱정하고 있다고 말하던 참이었다. 특히 가장 음흉하고
돈이 많은 사람들의 공격에 대해 말이다. 바티칸 은행IOR이나 소아
성추행 추문을 둘러싼, 오랫동안 미뤄져온 아우게이아스의 외양간
청소는 행복을 가져다줄 뿐이다. 그의 '입을 막는' 방법은 확실히 받
아들이는 것이다. 고전적인 볼셰비키들의 언사를 흉내 내보자. "동
무, 어디까지 말했더라?" 교황이 아르헨티나 사람입니까? 그러면
경제에 대해서는 아무것도 모르겠군요. 그럼 듣지 맙시다.

경제 문제에 대해 말하는 프란치스코 교황의 '입을 막는' 건 아
무도 성공하지 못할 것이다. 교황은 후안 페론의 아르헨티나보다
훨씬 멀리서 와서 세계의, 그리고 돈의 위상에 대한 전망을 설명하
는 것이기 때문이다. 그것은 시나이 산 아래에서 구체화되기 시작
한, 3천 년도 더 된 전망이다.

'보코하람'은 '책을 금지하다'라는 뜻이다. 이제 다른 종교들
의 경전을 탐색하기 전에, 현재 세계 경제의 도전에 대해 오늘날 유
대·그리스도교가 응답하고 있는 책들의 해당 부분을 펼쳐보자. 보
편성을 담고 있는 응답이다.

성서에 나타난
돈에 대한 가르침

구약성서에는 대개 돈이 좋은 것으로 나오지 않는다. 심지어는 물리쳐야 할 적으로서 여러 번 되풀이해서 지적되기까지 한다. 인간 소외를 비롯한 갖가지 해악의 원천이기 때문이다. 구약성서에는 신이 와서 이집트의 노예 신세인 유대민족을 해방시킬 것이라고 했다. 모세가 인도하는 가운데 그들은 시나이 산 기슭에 도착했다. 그곳에서 모세는 신의 율법을 받기 위해 산을 오른다. 그런데 모세가 율법의 석판을 갖고 다시 내려오느라 시간이 지체되는 사이에 유대인들이 자신들을 위해 우상을 만들기로 결정했다. 아론의 금송아지였다. "여러분의 아내와 아들딸들의 귀에 걸린 금 고리들을 빼서 나에게 가져오시오."[77] 그리고 유대인들은 그 금귀고리를 구원자로 찬양했다. "이스라엘아, 이분이 너를 이집트 땅에서 데리고 올라오신 너의 신이시다."[78]

금과 돈의 기만. 유대인들은 금과 돈을 전능하다고 믿었다. 그

• • •
77 탈출기 32, 2.
78 탈출기 32, 4.

래서 사람들을 '해방'시킬 수도 노예로 만들 수도 있다고 생각했다.

신이 격노했다. 모세는 착한 사람이었다. 처음에는 진리와 자신들을 구원하러 온 자신들의 신을 등지고 아무것도 아닌 것에 '취해서' 다시 노예가 되어버린 변덕스런 백성들을 용서해달라고 간청했다. 하지만 아무 효과도 없었다. 진노는 무섭고 끔찍했다.

모세가 그들에게 말하였다. "주 이스라엘의 하느님께서 이렇게 말씀하신다. '너희는 각자 허리에 칼을 차고, 진영의 이 대문에서 저 대문으로 오가면서, 저마다 자기 형제와 친구와 이웃을 죽여라.'"[79]

오직 이 희생이 있고서야 신은 이스라엘 백성과 새로운 계약을 맺는 것을 승낙했다.

신의 이런 폭력을 우리는 복음서의 한 장면에서 마치 거울을 보는 것처럼 다시 발견할 수 있다. 그리스도가 격노하여 어떤 이들에게 물리적 폭력을 가하는 장면이다. 그들은 사원에서 채찍질로 쫓겨나간 상인들이다.

"유다인들의 파스카 축제가 가까워지자 예수님께서는 예루살렘에 올라가셨다. 그리고 성전에 소와 양과 비둘기를 파는 자들과 환전꾼들이 앉아 있는 것을 보시고, 끈으로 채찍을 만드시어 양과 소와 함께 그들을 모두 성전에서 쫓아내셨다. 또 환전상들의 돈을

• • •
79 탈출기 32, 27.

쏟아버리시고 탁자들을 엎어버리셨다. 비둘기를 파는 자들에게는, '이것들을 여기에서 치워라. 내 아버지의 집을 장사하는 집으로 만들지 마라.' 하고 이르셨다."[80]

복음서들은 돈과 결부된 문제를 크게 강조한다. 또 재산의 추구와 인간적이고 영적인 삶의 실현이 양립할 수 없음을 강조한다. 이와 관련하여 그리스도는 나중에 한 번에 두 주인을 섬기지 말라고 이야기한다.

"어떠한 종도 두 주인을 섬길 수 없다. 한쪽은 미워하고 다른 쪽은 사랑하며, 한쪽은 떠받들고 다른 쪽은 업신여기게 된다. 너희는 하느님과 재물을 함께 섬길 수 없다."[81]

선택해야만 한다. 그 선택은 인간에게는 매우 어렵다.

"부자가 하느님 나라에 들어가는 것보다 낙타가 바늘귀로 빠져나가는 것이 더 쉽다."[82]

• • •

80 요한 복음서 2, 13-16.

81 루카 복음서 16, 13.

82 마르코 복음서 10, 25.

물론 성경에는 이와 다르게 좀 더 타협적인 구절들도 있다. 예를 들어 부자들은 인재들의 우화를 무척 좋아한다. 거기에는 재정적 위험을 감수하고 모험적인 사업에 돈과 재능을 투자하는 사람들 이야기가 나온다. 기본적인 문제에 관한 내용을 살펴보자. "당신은 당신의 재능으로 무엇을 했는가?" 당신은 당신의 부와 재능을 생명, 다른 사람, 더 나은 세상의 건설을 위해 썼는가? 아니면 다른 사람에게는 부스러기밖에는 내주지 않은 채 인색하게 지키며 당신을 위해 쌓아갔는가?

그리스도는 사원에서 상인들을 채찍으로 내쫓기 전에 예리코에서 부유한 '세관장' 자캐오와 만나기도 했다.

"그는 예수님께서 어떠한 분이신지 보려고 애썼지만 군중에 가려 볼 수가 없었다. 키가 작았기 때문이다. 그래서 앞질러 달려가 돌무화과나무로 올라갔다. 그곳을 지나시는 예수님을 보려는 것이었다. 예수님께서 거기에 이르러 위를 쳐다보시며 그에게 이르셨다. '자캐오야, 얼른 내려오너라. 오늘은 내가 네 집에 머물러야 하겠다.' 자캐오는 얼른 내려와 예수님을 기쁘게 맞아들였다. 그것을 보고 사람들은 모두 '저이가 죄인의 집에 들어가 묵는군.' 하고 투덜거렸다."[83]

• • •
83 루카 복음서 19, 3-7.

그리스도는 모든 죄인, 특히 부자들을 구하기 위해 오셨다. 그리스도는 주저하지 않고 그들을 만났고 그들의 집으로 찾아갔다. 그들을 심판하여 감옥에 가두거나 처형하기 위해서가 아니라 그들의 친구가 되기 위해서였다. 그리고 재산을 다 써버리지 않고 모아둔 이들을 기리기 위해서였다. 자캐오가 그런 경우였다. 자캐오는 그리스도가 누구인지 알아보고 싶은 마음에 '달려 나와' 나무 위로 올라가기까지 했던 이다. 자캐오는 매우 부유하고 너그러웠다. "그러나 자캐오는 일어서서 주님께 말하였다. '보십시오, 주님! 제 재산의 반을 가난한 이들에게 주겠습니다. 그리고 제가 다른 사람 것을 횡령하였다면 네 곱절로 갚겠습니다.'"[84]

부자들에게는 바로 이런 행위를 권유하는 것이다. 지갑의 돈뿐만이 아니라 마음에서 우러나와 자기가 가진 가장 좋은 것을 내어주는 것 말이다. 그러면 주고 나누는 기쁨을 발견하고 경험할 수 있다. 부와 성공을 혼자서 즐기는 것보다 더 풍요로운 기쁨을 느낄 수 있다.

• • •

84 루카 복음서 19, 8.

부와 권력의 집중에 맞서는 사회 교리

　경제에 관한 가톨릭교회의 입장, 특히 프란치스코 교황의 입장은, 호르헤 베르골료라는 인물이 형성되는 과정에 영향을 미쳤다고 여겨지는 아르헨티나 페론주의의 불행한 경험이 아니라 훨씬 더 깊은 곳에 뿌리를 두고 있다. 나와 대화했던 워싱턴의 공화당 정치가는 그 점을 매우 잘 알고 있을 것이다. 그는 프로테스탄트 전통과 가족노동 윤리에서 필독서로 삼고 있는 책들을 읽었다. 그는 매우 자의적인 해석, 혹시 칼뱅주의에 대한 왜곡된 해석의 포로가 된 걸까? 막스 베버가 《프로테스탄트 윤리와 자본주의 정신》에서 한 해석에 따르면, 경제적 성공은 신이 우리와 함께 있으며 우리가 현세에서 이룬 선행에 대해 우리에게 은혜를 베풀며 구원을 약속하는 분명한 징표이다. 따라서 이 예정설은 사람들이 부를 쌓도록 북돋운다. 구원을 받았다는 증명이기 때문이다. 프로테스탄트 윤리는 또한 노력과 부의 나눔 윤리이기에 거리낌 없이 부를 마음대로 처분할 수 있다.

　그런데 현실 문제를 판단할 때 기초가 되는 교회의 사회 교리에 관한 초기 글이 등장한 때가 막스 베버가 《프로테스탄트 윤리와 자본주의 정신》을 쓴 바로 그 즈음이었다.

　이 사회 교리는 19세기 말부터 가톨릭교회가, 규칙이 아니라 사회 속에서 '사람들의 행위를 인도'할 원리로 삼기 위해 시도한 노력의 결실이었다. 그 시기에 사회는 오늘날과 마찬가지로 산업혁명이 기술 발전과 급속도의 경제 성장을 이끌어내면서 극도로 빠르고 폭력적이기까지 한 변화를 겪고 있었다. 그런 물결은 사회적 격차를 심화시키며 확립된 정치 질서에 대한 거센 저항을 불러왔다. 교황 레오 13세가 그런 노력이 투여된 첫 번째 회칙《새로운 사태 *Rerum novarum*》(1891년에 발표한 이 최초의 회칙은 사회정의, 노동자 권리 등의 사회 문제를 주제로 삼으면서 사유재산권에 대해서 강하게 옹호했다.—옮긴이)를 발표했을 때 유럽은 정치 혁명과 국민 혁명의 시대에서 벗어난 상태였다. 노동계급의 급격한 성장, 새로운 노동 상황(특히 아동 노동), 사회주의 사상의 고조 그리고 아나키스트들의 과격 행위가 빠르게 성장하는 사회의 일상이 되고 있었다. 이때 각광받던 사상가는 프루동과 마르크스다. 유럽은 물론 미국에서도 사회와 관련된 토론에서 당연하게도 '사회 문제'가 핵심이 되었다(미국에서는 1886년 시카고 헤이마켓 광장에서 시위와 폭탄 투척 사건이 일어나 큰 사회적 문제가 되었고, 이 시위는 국제노동절의 유래가 되었다).

　바로 이런 배경에서 교회가 사회의 여러 문제들에 대해 의견을 표명한 것이다. 이와 같은 방식으로 교회는 자본주의의 무절제함과

'부자들'에 대한 증오심을 자극하는 무신론적이고 집단주의적인 사회주의의 비인간성을 널리 알린다. 교회는 "진리와 공정에 부합하는 해법"을 찾기 위해 제3의 길 개념을 도입했다. 교회는 사유재산권을 확고히 지지하는 동시에 "수많은 프롤레타리아에게 거의 노예와 같은 멍에를 씌우는" 부와 권력의 집중 역시 확실히 비판했다.[85]

　오늘날 경험하는 것과 같은 사회 격변기에는 그때마다 교회가 그러한 사회 변화를 폭넓게 분석하여 발표했다. 교회는 우선은 경전에서, 다음으로는 우리가 처한 당대의 구체적 현실에서 길어 올린 해법의 요소들을 제공한다. 20세기에 들어 제1차 세계대전과 러시아 볼셰비키 혁명, 미국 대공황과 그것의 유럽 확산 이후인 1931년 5월 15일에 한 발표가 그 한 예다. 《새로운 사태》 이후 40년 만에 비오 11세의 회칙 《40주년Quadragesimo anno》이 발표되었다. 이 회칙은 소유권을 강조하고, 자본과 노동 사이의 관계를 재정립하고, '프롤레타리아를 상승시킬 것'을 촉구했다. 회칙은 새로운 사회 질서를 특히 '보조성의 원리'를 바탕으로 확립할 것을 제안했다. 보조성의 원리란 하층 단위에서 권한을 행사하는 권력 기관을 신뢰하고 리바이어던(구약성경 〈욥기〉에 나오는 지상 최강의 괴이한 동물로, 국가를 이에 비유한 것이다.-옮긴이)과 상층 단위는 보완하는 역할에 머물

• • •
85 《새로운 사태》 1.

도록 경계하라는 원리다. 또한 조합주의corporatism 역시 경계해야 한다고 했는데, 이 조합주의가 회칙이 발표되기 몇 해 전에 이탈리아에서 무솔리니를 중심으로 한 파시스트들의 등장을 이끌었기 때문이다.

약 30년 뒤인 1965년에 교황 바오로 6세가 제2차 바티칸 공의회에서 작성한 사목헌장 《기쁨과 희망Gaudium Et Spes》을 발표했다. 이 헌장은 교회가 현대 사회에 문을 활짝 여는 시점에 사회 교리를 강화하기 위한 것이었다. 이 시기는 자본주의 세계와 집단주의 세계 사이의 대립이 절정에 달한 때다. 경제·정치·사회적인 격변기로, 급작스런 변화로 말미암은 새로운 사회에서 소비가 폭발적으로 팽창하고 '제3의 길'이 탐색되던 때였다. 《기쁨과 희망》이 발표된 1965년은 쿠바 미사일 위기가 일어나고 2년 뒤였다.

사회 교리의 기본 원리 : 인간 존엄성, 공동선, 보조성, 연대성

《기쁨과 희망》의 내용은 요한 바오로 2세 임기 때인 2004년에 요약 형태로 다시 발표되었다. 여기에는 "가톨릭 사회 교리의 핵심을 이루는 사회 교리의 항구한 원리들"이 규정되어 있다. "즉, 인간 존엄성, … 공동선, 보조성과 연대성의 원리들이다."[86]

기술과 돈이 지배하는 세상의 경제 문제에 관한 프란치스코 교황의 입장을 이해하기 위해서는 인간 존엄성의 원리에 대해 숙고해야 한다. "사회 교리의 다른 모든 원리와 내용을 이루는 바탕"이기 때문이다. 인간에게 여러 권리를 부여하는 이 존엄성은 "인간은 하느님의 모습대로 창조"되었다는 점에 바탕을 둔다. 따라서 초인간주의적 전체주의에 맞선 미래의 전투와 전선에서 "인간은 일체로, 영혼과 육체로 이루어진 단일체로 존재한다"는 점이 핵심으로 강조된다. 육체에서 영혼이나 정신을 분리하고자 하는 것은 인간성의 영역을 벗어나는 것이다. 그 예로 인간의 생물학적 신체에 인공지능을 결합하는 것을 들 수 있다. 빌 게이츠, 스티븐 호킹, 엘론 머스크 같은 이들은 그런 상태를 받아들이지 않는다.

육체와 영혼의 단일성, 즉 인간의 내적 구조의 단일성은 지켜져야 한다. 아기, 아이, 청소년, 성인, 노인은 하나의 동일한 인간이다. "유일한 존엄을 지닌" "인간에게는 두 가지 서로 다른 특성이 있다. 인간은 자기 육체를 통하여 이 세상과 유대를 맺는 물질적인 존

• • •

86 이 인용과 뒤에 이어지는 인용은 《간추린 사회 교리 Compendium of the Social Doctrine of the Church》(2004, 교황청 정의평화평의회) 참조.

재이다. 또 '하느님의 지성의 빛을 나누어 받은' 인간은 자기 지성으로 '언제나 더욱 심오한 진리'를 발견하고 초월성으로 열려 있는 영적인 존재이다." 분리하고 나누는 것, 물질적 생명을 초월을 향해 나아감을 방해하는 것으로 여기고 거부하는 것은 인간성을 상실케 한다. 마찬가지로 "인간은 일부 공권력이 이른바 사회 공동체 전체의 발전과 타인의 발전을 명분으로 강요하는 경제·사회·정치 계획의 수단이 될 수 없다." 따라서 "공권력은 자유에 대한 규제나 개인 활동에 대한 의무가 결코 인간의 존엄성을 손상시키지 않도록 주의를 기울임으로써 인권이 실질적으로 보장될 수 있도록 하여야" 한다. 사회주의 독재, 상업주의 독재, 초인간주의 독재 등 어떤 것도 허용해서는 안 된다.

인간에게 여러 권리들을 부여하는 것은 바로 인간 존엄성의 원리다. 경제 영역에 관해서 교회의 사회 교리는 '6장(인간 노동)의 V (노동자의 권리)'에서 그 권리들에 대해 상세히 설명하고 있다. "정당한 임금에 대한 권리, 휴식의 권리, 노동자들의 신체적인 건강이나 정신적인 건강에 손상을 끼치지 않는 노동 환경과 작업 과정에 대한 권리 ··· 실직 노동자들과 그 가족의 생계에 필요한 적절한 보조금에 대한 권리. 연금에 대한 권리와 노후, 질병, 직업 관련 사고에 대비한 보험에 대한 권리···."

틀림없이 이 교리에 담긴 규정으로 인해 생길 수 있는 '권리 남용'을 그 시대에는 예상치 못했을 것이다. 오늘날 많은 나라들(특히 유럽의 그리스, 프랑스, 이탈리아와 남아메리카의 아르헨티나, 베네수엘라)을 망가뜨리고 가난하게 만든 남용 말이다. 이런 예외적이고 안타까운 상황을 제쳐둔다면, 새로운 형태의 노예제도와 인신매매[87]까지 등장하고 있는 세계 경제 동향의 현실은 이 사회 교리의 권고 사항이 매우 타당성이 크다는 점을 다시금 확인시켜준다.

사회 교리는 인간 존엄성이 부여하는 그런 일련의 권리들보다 더욱 중요한 것으로서, 인간 존엄성에서 가지 쳐 나온 몇 가지 원리들을 강조하고 있다.

• 공동선 : "공동선의 원리는 모든 인간의 존엄성, 일치, 평등에서 나오는 것이다. … 공동선이란 '집단이든 구성원 개인이든 더욱 충만하고 더욱 용이하게 자기완성을 추구하도록 하는 사회생활 조건의 총화'를 가리킨다. 공동선은 사회적 실체의 각 주체가 가진 고유한 선을 단순히 총합하는 것으로 이루어지는 것이 아니라, 모든 이와 각 개인에 속하는 공동선은 나뉠 수 없고, 함께해야만 달성할 수 있고 증대할 수 있으며 미래에도 그 효력을 보존할 수 있으므로 '공통의' 것이다."

• • •

87 국제노동기구는 세계에 2천1백만 명의 노예가 있다고 추산했다('강제 노동'). 그 가운데 가장 많은 수가 여성과 여자아이들로, 450만 명이나 되는 수가 성 노예 상태에 빠져 있다('강제적 성 착취').

개별적 이익들이 모이는 것만으로 모두의 이익이 신비롭게 완벽한 균형을 이루게 될 것(애덤 스미스는 이를 두고 '시장의 보이지 않는 손'이라 했다)이라는 견해가 있지만, 그런 개별적 이익의 단순한 총합이 공동선은 아니라는 것이다. 공동선에 대한 이런 정의는 집단에 대해 책임성을 갖는 조정자이자 공권력인 국가의 역할을 가장 적정한 수준으로 축소해야 한다는 생각을 지지하는 사람들의 심기를 불편하게 할 뿐 아니라 혐오감마저 불러일으킨다. 공동선에 대한 이러한 정의를 볼 때 공동선의 실현을 목표로 작동하는 일정한 구조가 필요함을 알 수 있다. 그리고 그 필요는 당연히 공정하고 균형잡힌 조세 제도를 통해 재정을 마련하는 것으로 이어진다. 그런 이유로 《기쁨과 희망》에는 공동선의 실행을 보장하는 '공권력'의 필요성을 명확히 밝히고 있다.[88]

사회 교리는 공동선을 실행하는 주요 행위자로서 국가와 공적 기관을 승인하는 동시에 그들에게 효과적인 제한을 두기 위해 특별한 주의를 기울이고 있다. 그 제한이란 보조성의 원리를 말한다. 모든 것에 일일이 간섭하려는 리바이어던, 즉 왜곡된 국가는 필요 없다. 개인의 책임성과 지역 차원에 걸맞은 운영이 우선시되어야 하

• • •
88 4장 '정치 공동체적 삶' 73~75쪽: '공권력'은 공동선의 조정자이자 관리자로서 필요하다. 그러나 개인의 권리를 보호하고 '도덕적 질서에 따른 제한 속에서'만 그 권력을 행사할 수 있다.(출처: Ceras, Christian Mellon s.j.)

는 것이다. 교황과 추기경들은 지역 교구의 일을 결정하지 않는다. 그것은 주임신부의 몫이다. 마찬가지로 각자는 자기가 속한 곳에서 책임을 완수해야 하며 사사건건 상층 단위에 의지해선 안 된다. 그것은 위험성이 있다. "사회의 상위 권력의 남용에서 사람들을 보호해야" 한다. 그래야 전체주의와 집단주의의 위험을 피할 수 있다.[89]

　• "모든 사람에게 온전히 속한" 공동선을 바탕으로 개별적 선의 보편적 이용이 정해진다. 신은 지구의 장래를, 그리고 지구가 모든 인간과 민족이 사용할 수 있도록 간직하고 있는 모든 것의 장래를 예정해 두었다. 그래서 창조의 선은 애덕(하느님과 이웃을 사랑하는 덕을 이른다.-옮긴이)과 분리될 수 없는 정의의 규범에 따라 모든 이들의 손에 공평하게 흘러들어야 한다. 선의 보편적 이용 원리는 사적 소유의 원리보다도 우선한다. 여기에는 어떤 선들이 관계가 있는 걸까? 우선은 천지창조의 선을 들 수 있다. 우리가 마시는 물, 숨 쉬는 공기, 땅과 바다가 "보편적 이용"의 선이다. 정보통신망, 인터넷은 앞으로 모든 사람들의 온전한 발달을 위해 필수적이지 않을까? 그래서 공공재로 여기면서 국가나 일부 기업의 이윤이 아니라 모두의 이익을 위해 운영되어야 하는 것 아닐까?

• • •

89 "이른바 민주화나 사회 모든 구성원의 평등이라는 미명 아래 보조성을 제한하면, 자유와 창의의 정신이 제약을 받고 때로는 훼손되기도 한다." (《간추린 사회 교리》187항.)

아마도 이 점은 앞으로 인터넷이라는 공공재에 대한 현실의 과도한 민영화 물결에 직면하여, 또한 특히 개인들의 자유에 반하여 플랫폼 주도기업들이 지배적인 지위를 남용하는 것에 직면하여 중요한 쟁점 가운데 하나가 될 것이다. 지배적 기업들끼리 경쟁하고 있는 상황에서 이 독점화된 산업을 어떻게 모두를 위한, 또 모두에게 이익이 되는 재화로 변화시킬 수 있을까?

• 마지막으로 기초가 되는 것은 가난한 이들을 우선시하는 선택이다. "재화의 보편 목적의 원칙은 가난한 이들, 소외받는 이들, 어느 모로든 자신의 올바른 성장을 방해하는 생활 조건에서 살아가는 이들에게 특별한 관심을 쏟아야 한다." 이때는 성장이 문제가 되는데 우리는 국내총생산의 성장이 아니라 인간의 발달을 도모하는, 인간의 성장을 중요시해야 한다.

혼란스러운 21세기 경제에 대한 교황의 메시지

경제 문제에 관해 프란치스코 교황이 이야기하는 바는 바로 이와 같은 맥락의 연장선에서 읽고 이해해야 한다. 프란치스코 교황의 권고《복음의 기쁨Evangelii Gaudium》, 그리고 환경에 관한 그의 회칙《찬미받으소서Laudato Si》는 전적으로 앞선 문서들의 영향력 속에서, 그리고 그 문서들의 배경이 되는 기술·경제·사회적 대혼란과 같은 맥락에서 작성되었다. 그 배경이 되는 사회적 격변이 너무도 중대한지라 정치 차원의 처방을 이끌어낸 것이다.

그런데 우리 사회에서 진행 중인 격변에 관해《복음의 기쁨》에서는 어떻게 말하고 있을까? 행동을 촉구하는 단순하지만 강렬한 생각들을 밝히고 있다. 그렇기에 교황의 '권고'인 것이다.

무엇보다도 행동의 긴급성을 권고하고 있다. "오늘날 세상의 가장 큰 위험은 온갖 극심한 소비주의와 더불어 개인주의적 불행입니다. 이는 안이하고 탐욕스러운 마음과 피상적인 쾌락에 대한 집착과 고립된 정신에서 생겨나고 있습니다. 내적 생활이 자기 자신의 이해와 관심에만 갇혀 있을 때, 더 이상 다른 이들을 위한 자리가 없어 가난한 이들이 들어오지 못합니다."[90]

가난한 이들은 더 이상 우리 사회에 포함되지 못하고 배제된다. 다행히도 다시 성장세로 돌아선 스페인에서도 날마다 집을 잃는 사람들이 생기고 있다.[91] 마르베야, 마드리드, 바르셀로나 등지를

• • •
90 《복음의 기쁨》 2항.
91 스페인 사법평의회에 따르면 2013년에 매일 184명, 2014년에는 95명이 퇴거를 당했다.

중심으로 부동산 투기가 다시 시작되고 있기 때문이다.[92]

그렇다면 어떻게 해야 할까? 교회와 관련된 내용을 서술한 1장에서 언급했지만, 교황은 '오늘날 세계의 몇 가지 도전'에 관심을 기울인다.

"다양한 분야에서 이루어지고 있는 진보로 알 수 있듯이 오늘날의 인류는 역사적 전환기를 겪고 있습니다. 사람들의 복지 향상을 위하여 건강과 교육과 커뮤니케이션과 같은 분야에서 진일보하였다는 점에서는 기뻐할 수 있습니다."

디지털 혁명은 실제로 매우 좋은 것들을 가져다주었다. 그러나 "우리 시대의 사람들 대부분이 하루하루 힘겹게 살아가고, 이 때문에 비참한 결과가 빚어지고 있다는 점을 잊어서는 안 됩니다. 수많은 질병이 확산되고 있습니다. 많은 사람, 심지어 강대국이라 불리는 나라의 사람들조차 두려움과 절망에 사로잡혀 있습니다. 살아있다는 기쁨이 자주 퇴색되고, 다른 이들에 대한 존중이 갈수록 결여되며, 폭력이 증가하고, 사회적 불평등이 더욱 심화되고 있습니다. 살기 위해서, 흔히 인간의 품위마저 버린 채 살기 위해서라도 고군분투해야 합니다."[93]

• • •

92 출처: 디아나 모랄레스 부동산 중개사무소(Diana Morales Properties), 나이트 프랭크(Knight Frank), 2015년 5월 보고서.
93 《복음의 기쁨》 52항.

경제와 기술, 사회의 이런 새로운 상황을 마주하여 구체적으로 무엇을 해야 할까? 이 질문에 답하자면, 가장 먼저 할 일은 거부와 저항을 드러내는 것이다. "더 이상은 안 된다." 더는 물러설 수 없다. 이대로 가면 신성불가침의 것들까지 침해하게 될 것이기 때문이다.

자유로운 사상을 가진 사람들은 매사에 '아멘'으로 응답하며 기존 권위에 맹목적으로 따르는 얌전하고 순한 그리스도교인을 쉽게 비웃는다. 더 이상 그런 일이 계속되어서는 안 된다. 2015년 경제 상황에 대해 그리스도교인은 아니라고 말할 수 있어야 한다. 다음과 같은 네 가지에 대해서 말이다.

– "배척의 경제는 안 된다."

이런 경제는 폐기처리 문화에 의해 조장된다. "'살인해서는 안 된다.'는 계명이 인간 생명의 가치를 지키기 위하여 분명한 선을 그어 놓은 것"임을 기억하자. 프란치스코 교황은 이렇게 표명했다. "그러한 경제는 사람을 죽일 뿐입니다. 나이든 노숙자가 길에서 얼어 죽은 것은 기사화되지 않으면서, 주가 지수가 조금만 내려가도 기사화되는 것이 말이나 되는 일입니까?"[94]

그리고 돈이 저절로 높은 곳에서 낮은 곳으로 줄줄 흘러내릴 것이라고 자본주의의 혜택을 칭송하는 '기존 권위에 맹목적으로 따

• • •
94 《복음의 기쁨》 53항.

르는 사람'들은, 순진해서 그러건 냉소적이어서 그러건 모두 다음의 문장을 열 번 정도 베껴 써보기를 권한다. "일부 사람들은 자유 시장으로 부추겨진 경제 성장이 세상을 더욱 정의롭고 평등하게 만들 것이라고 주장하는 '낙수효과 trickle-down' 이론을 여전히 옹호하고 있습니다. 전혀 사실로 확인되지 않은 이러한 견해는 경제권을 쥐고 있는 이들의 선의와, 지배적인 경제 제도의 신성시된 운용 방식을 무턱대고 순진하게 믿는 것입니다. 그러는 동안 배척된 이들은 계속 기다리고 있습니다."[95]

이렇게 '아니라고 말하는 교황'은 돈에 대한 새로운 우상숭배를 단호하게 질책한다.

– "돈의 새로운 우상은 안 된다."

"우리는 돈이 우리 자신과 우리 사회를 지배하도록 순순히 받아들이고 있습니다. 우리가 겪고 있는 현재의 금융위기는 그 기원에 심각한 인간학적 위기가 있다는 것도 간과하게 만들고 있습니다. 곧 인간이 최우선임을 부정하고 있는 것입니다! 우리는 새로운 우상을 만들어냈습니다. 고대의 금송아지에 대한 숭배가(탈출 32,1-35 참조) 돈에 대한 물신주의라는, 그리고 참다운 인간적 목적이 없는 비인간적인 경제 독재라는 새롭고도 무자비한 모습으로 바뀌었

• • •
95 《복음의 기쁨》 54항.

습니다."[96]

　　미사를 올리면 될까? 그것으로 충분치 않다. '돈의 우상숭배'에는 그 옹호자와 공모자와 대리인들이 따르게 마련이기 때문이다. 이들은 다음과 같은 상황을 만들어내고 있다. "소수의 소득이 기하급수적으로 늘어나는 동안, 대다수가 이 행복한 소수가 누리는 번영과는 더욱 거리가 멀어지고 있습니다. 이러한 불균형은 시장의 절대 자율과 금융 투기를 옹호하는 이념의 산물입니다. 이 이념은 공동선을 지키는 역할을 맡은 국가의 통제권을 배척합니다. 그리하여 눈에 보이지 않고 때로는 가상으로 존재하는 새로운 독재가 출현하여 일방적이고 무자비하게 자기 법과 규칙을 강요하고 있습니다. 또한 빚과 이자가 계속 불어나면서 국가들이 그 경제적 잠재력을 실현하지 못하고, 국민들은 실질적인 구매력을 행사하지 못하고 있습니다. 이에 더하여, 널리 만연한 부패와 이기적인 탈세가 세계적 규모를 띠고 있습니다. 권력욕과 소유욕은 그 한계를 모릅니다. 이익 증대를 목적으로 모든 것을 집어삼키려 하는 이 체제 안에서, 절대 규칙이 되어버린 신격화된 시장의 이익 앞에서 자연환경처럼 취약한 모든 것은 무방비 상태에 놓여 있습니다."[97]

· · ·

96 《복음의 기쁨》 55항.
97 《복음의 기쁨》 56항.

– 따라서 "봉사하지 않고 지배하는 금융 제도는 안 된다"고 말해야 한다.

그리고 교황은 부자 나라든 가난한 나라든 상관없이 세계 공동체 속에서 격화되고 있는 긴장 상태에 대한 경고인 이 '안 된다'라는 여러 항목의 권고를 다음과 같이 결론짓고 있다.

– "폭력을 낳는 불평등은 안 된다."

"오늘날 많은 곳에서 우리는 더욱더 안전한 삶을 요구합니다. 그러나 사회 안에서 그리고 다양한 민족들 사이에 배척과 불평등이 사라지지 않는 한, 폭력이 뿌리째 뽑힐 수는 없을 것입니다. 가난한 이들과 못사는 민족들이 폭력을 유발한다고 비난을 받지만, 균등한 기회가 주어지지 않으면 온갖 형태의 공격과 분쟁은 계속 싹을 틔울 토양을 찾고 언젠가는 폭발하게 마련입니다. 지역 사회든 국가 사회든 한 사회가 그 일부 구성원을 소외시키려 하면, 어떠한 정책이나 공권력이나 감시 체제도 평온을 계속해서 보장해주지 못합니다."[98]

이는 예고된 바나 마찬가지였다. 어떤 정책도 소용이 없었다. 특히 일상생활에서 치안을 강화하고 인간 사회 안에 경계를 긋고 벽을 세우는 등 겉으로 드러나는 공공질서를 재확립하기 위한 것들

• • •
98 《복음의 기쁨》 59항.

도 마찬가지였다. 우리가 근본적으로 바꿔야 할 것은 우리 사회의 상황적 측면이 아니라 구조적 특성이기 때문이다. "이는 단순히 불평등이 제도에서 배척당한 이들의 폭력적 반응을 유발하기 때문만이 아니라, 사회 경제 제도가 그 뿌리부터 불의하기 때문입니다."[99]

해결책은 무엇일까? 사람들에게 새로운 아편과도 같은 소비에 더 많이 몰두하게 하면 될까? "오늘날의 경제 운영 체제가 무분별한 소비를 부추기고, 그 결과 걷잡을 수 없는 소비 지상주의가 불평등과 결합되어 사회 조직을 이중으로 손상시키고 있는"[100] 상황에서? 소비하고자 하는 이런 갈증이 지구 자원을 거덜 내고 환경을 망치는 가운데 기후변화와 생물종의 멸종, 그리고 공기, 물, 땅과 그곳의 서식 생물처럼 가장 중요한 공유재의 오염이 사실로 확인되고 있는 상황에서?

2015년 12월에 파리에서 열릴 기후변화협약에 힘을 싣기 위해 같은 해 5월 말에 발표된 회칙 《찬미받으소서》는 이 문제에 대해 단호한 해답을 제시하고 있다. 가난한 나라들에서는 아직도 성장이 필요하다. 하지만 어떤 성장이어도 괜찮다는 말은 아니다. 우리 작

. . .
99 앞과 같음.
100 《복음의 기쁨》 60항.

은 지구를 약탈하게 될 과소비에 기초한 성장이어서는 안 된다.

단지 그리스도교인만이 아니라 이 지구에 살고 있는 사람들 모두를 대상으로 한 이 중요한 문서《찬미받으소서》는 세계적 호응을 얻었다. 이 회칙의 내용은 모두 앞선 문서《복음의 기쁨》에 담겨 있는 것으로서 '인간 생태학'을 권장하고, 가난한 사람들에게 가장 크게 피해를 주는 환경파괴의 부정의를 고발하고 있다. 이 회칙은 '인간의 비명은 물론이고 지구의 비명'을 이해하는 데 큰 도움이 된다. '이 행성의 대다수에 해당하는' 배척된 존재들의 비명 말이다.

이 회칙의 발표를 두고 어떤 속 좁거나 편협한 이들은 이 '녹색 교황'을 붉은 교황으로 만들려고 애썼다. 하지만 그들이 이 회칙을 읽으면 프란치스코 교황이 공산주의를 나치즘과 동일선상에 놓고 있음을 알고 당황스러워할 것이다. 즉, "수백만의 사람을 살상하는 전체주의 체제"[101] 가운데 하나로 두고 있음을 알게 될 것이다.

만약 공산주의가 그 원래 형태인 사회주의와 마찬가지로 해결책이 아니라면, 그리고 이윤 축적과 자기 자신만을 위하는 이기주의 말고는 별다른 규범 없이 '무한히' 성장[102]하는 것이 환상이라면,

• • •

101 《찬미받으소서》 104항.

102 "경제학자, 금융 전문가, 기술자들은 이에 큰 매력을 느꼈습니다. 이는 지구 자원을 무한히 활용할 수 있다는 거짓을 바탕으로 한 것으로, 지구를 그 한계를 넘어서 최대한 '쥐어짜는' 데에 이르게 됩니다."《찬미받으소서》 106항.

그렇다면 어떻게 해야 할까?

해결책은 전 세계 모든 이들에게 적용되는 탈성장일까? 모든 경제 활동과 모든 과학 발전을 멈추어야 하는 걸까?

타인에게도 미래에게도 여지가 없는 그런 갑갑한 인간 사회란 어떤 의미가 있을까?

좀 더 열정을 불러일으킬 수 있고 더욱 효과적인 해결책을 찾아야 한다.

세계 경제 위기의 전환을 위해
무엇을 해야 하는가

"우리가 길을 잃어버리는 것을 두려워하기보다는,
우리에게 거짓 안도감을 주는 조직들 안에,
우리를 가혹한 심판관으로 만드는 규칙들 안에, 그리고
우리를 안심시키는 습관들 안에 갇혀버리는 것을 두려워하며 움직이기를
바랍니다. 아직도 우리의 문밖에는 수많은 사람이 굶주리고 있고,
예수님께서는 우리에게 끊임없이 이렇게 말씀하고 계십니다.
'너희가 그들에게 먹을 것을 주어라'(마르 6,37)."

— 《복음의 기쁨》 49항 중에서 —

윤리를 무시하지 않는
금융 개혁

우리 경제와 사회를 다시 인간화하고, 우리 삶에서 인간 존엄성과 천지창조에 대한 존경심을 되찾고, 돈과 기술이 유용한 도구로서 제자리를 찾게 하자는 교황의 권고에 답하기 위해 경제와 정치 지도자들은 구체적으로 무엇을 할 수 있을까? 프란치스코 교황에게 뜻밖의 구상이 있었다. 바로 금융 개혁이다.

금융 개혁 중에서도 '윤리를 무시하지 않는' 금융 개혁이다. 금융가들이여, 해결에 나서라! 금융계를 적이나 '반대편'으로 삼으려는 것이 아니라 프랑수아 올랑드처럼 금융계를 동원하고자 하는 것이다.[103] 즉, 금융가들을 유능한 동반자로 삼으려는 것이지 반대하려는 것이 결코 아니다.

"교황은 모든 사람을, 곧 부유한 이들과 가난한 이들을 똑같이 사랑하지만, 부유한 이들이 가난한 이들을 돕고 존중하고 북돋워 주어야 한다는 것을 그리스도의 이름으로 일깨워줄 의무가 있습니

. . .
103 2012년 1월 22일 있었던 올랑드의 대통령 선거 연설.

다."[104]

교황의 이 권고는 다음과 같이 끝을 맺고 있다. "저는 여러분이 사심 없는 연대성을 지니고 경제와 금융에서 인간을 이롭게 하는 윤리로 되돌아갈 것을 권고합니다."[105] 여기에 실제로 어떻게 응답 해야 할까?

우선 '윤리'라는 말과 그 말에 담긴 진실성을 비웃는 것을 멈춰야 한다. 윤리라는 개념은 진부한 것 같고 혁명이란 말보다 덜 매력적이고 호소력이 떨어지는 듯 느껴진다. 판을 엎거나 쓸어버리는 것이 아니라 열정을 기울이면서 구호를 넘어 효과적으로 나아가는 것이 중요하다.

"대체로 사람들은 윤리를 경멸에 찬 냉소의 눈길로 바라봅니다. 사람들은 윤리가 돈과 권력을 상대화하기 때문에 비생산적이고 지나치게 인간적이라고 생각합니다. 또한 인간을 조작하고 타락시키는 것을 단죄하기에 윤리를 위협적이라고 느낍니다. 궁극적으로 윤리는 시장의 범주를 벗어나는 책임 있는 응답을 요구하시는 하느님께 우리를 이끕니다."[106]

• • •

104 《복음의 기쁨》 58항.
105 앞과 같음.
106 《복음의 기쁨》 57항.

이런 도전적 상황에 대응하기 위해서 우리는 두 가지 장애물을 피해야 한다. 돈키호테적 행위와 이상주의라는 유혹이다.

돈의 세상은 돈키호테적 행위를 내버려두지 않는다

돈키호테적 행위의 유혹? 세상을 그 자체로 거부하고 싶은 마음을 말한다. 우리가 만들어낸, 그저 풍차일 뿐인 거인에 정면으로 맞서 싸우는 것이다. "돈의 장벽이 존재하기 때문에, 그리고 오늘날 승리란 온몸으로 부딪쳐 그것을 무너뜨리는 것이기 때문이다. 아니면 회피하는 것일 뿐이다."

그 결과는 매우 딱한 모습이다. 돈의 세상은 그것에 거스르는 사람들을 호락호락 내버려두지 않는다. 오늘날 우리는 그 사례를 생생하게 보고 있다. 그리스의 알렉시스 치프라스Alexis Tsipras 정부는 무능하고 부패한 지난 정부의 골치 아픈 유산과 채무를 물려받은 상태에서 국가의 파산과 파시즘의 재등장을 막기 위해 분투하고 있다. 하지만 그러기 위해서 채권자들을 호도하고 비난하고 심지어 모욕하는 등 만만치 않은 행보를 취하고 있다. 아마도 언젠가 우리가 아주 비싼 대가로 지불하게 되겠지만, 그리스 채무의 채권자들은 빚의 마지막 한 푼까지 돌려받는다는 최우선 명제를 상기시키며 주저하지 않고 그리스 정부와 국민을 모욕할 것이다. 그런다고 그 목표를 달성할 수 없다는 점을 각국의 재무장관들은 잘 알고 있다. 결국 그들이 취하는 방법은 숱한 사람들을 자살로 이끌게 될 것이다.[107]

　　돈의 세상은 그 지배력을 축소하려는 정치적 시도 또한 결코 좌시하지 않는다. 미국에서 오늘날 어떤 정치인이 감히 20세기 미국의 가장 위대한 대통령 프랭클린 루스벨트를 따라서 '금융업계'에 대항하는 대대적인 계획을 전개할 수 있겠는가? 또는 부유한 명문가의 자식들을 두고 용감하게 "나는 그들의 증오를 환영한다."[108]고 선언할 수 있겠는가? 금권정치가들이 시장에 대한 자유방임을 유지하길 원하고, 미국을 비롯해 전 세계에서 실업이 증가하고 파시즘과 공산주의가 발흥하고 있는데도 아무런 조치를 취하지 않던 시대에 그러했던 것처럼 말이다. 돈의 지배력을 축소하려는 계획을 실행에 옮기기 위해서는 다른 곳도 그렇지만 미국에서도 돈이 필요하다. 많은 돈이 필요하다. 그런데 그 자금을 모으는 것은 종속성을

· · ·

107　2015년 5월 현재 그리스의 공적 채무는 국내총생산의 175%에 달했다. 2008년 위기와 국제통화기금 개입 전에는 100%였다.

108　1936년 뉴욕 매디슨 스퀘어 가든에서 한 루스벨트의 연설.

키우는 것과 마찬가지다.

기술 혁명도 마찬가지다. 누군가 디지털 대기업에 대항하여 용감하게 떨쳐 일어설 수 있을 것이다. 그 누군가는 시민이나 정치가일 수도, 기업 대표일 수도 있다. 그 누군가는 우리 사생활이 담긴, 우리의 가장 중요하고 내밀한 정보가 축적된 대규모 플랫폼과 관련된 스캔들을 고발하려는 큰 뜻을 품고 있을 것이다. 또는 세계 주요 검색 엔진에 공유된 정보에 대한 심각한 조작과 진실 왜곡[109]을 규탄할 수도 있다. 또는 '아니다'라고 말할 수도 있다. 다시 말해, 구글, 에어비앤비, 페이스북, 알리바바, 우버, 아마존을 거부하고 그들이 제공하는 모든 것을 배척할 수 있다. 하지만 누가 '예전 세상'으로 돌아가기를 진심으로 원할까? 종이로 된 백과사전, 택시의 독점 영업, 상품 안내 책자를 뒤적여야 하는 통신 판매 등으로 이루어진 세상으로 말이다.

독일 최대 미디어 출판기업 악셀 슈프링거의 대표인 마티아스 되프너는 돈키호테 같은 사람은 아니다. 하지만 정치 로비와 경제 면에서 매우 큰 영향력을 지닌 되프너는 구글의 적대적이고 비열한

• • •

109 여러분의 지리적 위치, 검색 내력에 따라 구글은 여러분의 검색에 대해 완전히 맞춤으로 정보를 제공할 것이다. 다른 나라 또는 같은 나라 안이라도 다른 도시의 지인과 실시간으로 같은 검색어를 적용하여 이 점을 확인해보자.

행위[110]에 칼을 빼들었다. 구글 기업이 대담하게도 슈프링거 기업 사이트에서 표절한 내용에 대해 비용을 지불하라고 요구한 것이다. 이에 대해 구글 측은 악셀 슈프링거 주요 사이트들의 이름(Welt.de, Computerbild.de, Sportbild.de et Autobild.de 등)을 더 이상 검색 결과로 보여주지 않는 것으로 대응했다. 보름 만에 슈프링거 사이트들의 접속량이 40% 가까이 떨어졌다. 이는 구글이 세계 4대 경제 대국의, 그것도 가장 강력한 기업의 생산물에 대한 상업적 생사여탈권을 갖고 있음을 여실히 보여준 사건이었다. 두 달이 못 되어 악셀 슈프링거가 항복했다.[111]

현실에 바탕을 두고
관료적 이상주의 뛰어넘기

드 기슈 : …《돈키호테》를 읽어봤소?

시라노 : 읽어봤소. 그리고 그 천방지축의 이름에 경의를 표하오.

• • •

110 특히 되프너가 에릭 슈밋(Eric Schmidt)에게 보낸 2014년 4월 17일자 공개서한 〈우리는 왜 구글을 두려워하는가〉를 참조.

111 2014년 10월 9일부터 11월 5일 사이에 벌어진 일.

드 기슈 : 그렇다면 잘 생각해보시오.… 풍차가 나오는 장에 대해!…
왜냐하면 풍차를 공격할 때는 종종… 천으로 만든 풍차의 거대한 팔
들이 당신을 진창에 처박기도 하니까!

시라노 : 아니면 별들 속으로 날려 보내거나![112]

돈키호테적 행위의 또 다른 양상은 이상주의다. 유토피아, 보편
적 이상향의 추구. 이는 현실의 문제들을 없애기 위해 완전히 개념
화된 상상 속 해결책에 의지하는 것이다.

그 주요한 맥을 탐색해 들어가면 필연적으로 몇 세대 전에는 필
요하지만 실현 불가능했던, 분명한 해결책에 도달한다. 바로 국가나
사적 압력 기관의 협소한 이해관계를 초월한 세계적인 권력체다.

이 권력체는 환경보호와 기후변화에 대한 대처, 디지털 플랫폼
으로서의 금융 통제, 세계적 빈곤이나 부패와의 투쟁과 관련된 것
이라면 국경을 초월하여 규범적·법률적 힘과 경찰권을 지니는 권
력체다. 이러한 권력체만이 우리 시대의 심각한 골칫거리들을 해결
할 수 있다.

하지만 이는 지난 세기에 탄생한 실제 조직들이 낳은 구체적
결과가 얼마나 미흡했는지 돌아보게 한다. 유엔, 세계은행, 국제통

• • •

112 에드몽 로스탕(Edmond Rostand),《시라노 Cyrano de Bergerac》(열린책들, 2009) 2막 7장에서 인용.

화기금, 세계무역기구, 국제노동기구는 큰 규모의 법적·인적·재정적 자원을 부여받았다. 최근에는 금융 문제에 대처하기 위한 G20과 비슷한 형태의 환경과 기후를 위한 세계 회의(리우데자네이루, 코펜하겐, 파리 개최)가 기준을 설정하고 평가하고 권고하는 역할을 실행하고 있다. 그러나 실제로는 공들여 계획한 만큼 충실히 이행되지도 효과를 내오지도 못하고 있다. 오늘날 누가 아직도 G20의 보도자료를 읽을까?

20세기에 만들어진 이런 서양의 기구들은 21세기에 등장한 세력(인도, 라틴아메리카, 동남아시아, 아프리카, 서남아시아, 이슬람권)에게 자리를 마련해주지 못하고 있다. 이들 기구에게 정당성을 부여하는 판도라의 상자는 아직 열리지 않았다. 이런 상태에서 그 기구들에 담긴 이상주의, 즉 좋은 의도를 지니고 있으며 대체로 훌륭한 인재들이 몸담고 있는 거대한 세계적 관료기구의 이상주의가, 안타깝게도 현실의 심각한 과제들을 해결하는 데 거의 도움을 주지 못하고 있다는 점을 순순히 인정하자.

반대로 그 관료기구들 사이에, 그리고 지역의 새로운 기구(아시아 인프라 투자은행Asian Infrastructure Investment Bank, 유럽연합, 아프리카 기구, 브릭스BRICS의 은행 등)들과 이들 기구 사이에 경쟁이 벌어질 수도 있다. 이런 경쟁은 갈등과 마찰의 새로운 원천이 되는데, 이미 짜여 있는 체제를 뚫고 나오길 바라는 당사자들은 이런 균열을 이용한다.

그래도 이 세계 기구들이 악화하는 세계 경제 불균형을 저지하거나 개선하는 데에 무용지물은 아니었다. 예를 들면, 세계은행의 자원이 없었다면 실제로 더 많은 나라들이 무너졌을 것이다. 그러나 보조성의 원리를 적용해야 한다. 그런 기구들에 완전히 의지할 수는 없다. 그들 역시 잘못을 범할 수 있고 한계가 있기 때문이다. 2013년에 국제통화기금이 그리스를 고통에 빠뜨렸던 긴축 정책을 두고 자신이 잘못 판단한 것이었다고 실수를 공식 인정한 것이 그 증거다. 긴축 정책은 채무가 많았던 그리스에게 어려움을 가중시키는 정책이었다.[113]

경제와 재정의 실제 현장에 더 가까이 있는 당사자들을 더 많이 신뢰해야 한다. 낙수효과를 기대하지 말고, 현장에서 저마다 부의 생산과 선행을 성실히 행하여 함께 혜택을 누릴 수 있는 '분수효과'를 적용해야 한다. 기업, 단체, 공동체, 지역 당국 등의 현장 당사자들을 더 많이 신뢰해야 한다. 이런 태도 변화는 아마도 21세기를 가로지르는, 또한 신기술들이 뒷받침하는 주요한 특징이 될 것이다. 이는 오늘날 경제는 물론 정치적 성공(스페인에서 벌어진 포데모스Podemos와 시우다다노스Ciudadanos 운동의 성공을 보라)과 연결될 터인데,

. . .

113 2013년 1월(《성장 예측 오류와 재정승수Growth Forecast Errors and Fiscal Multipliers》 보고서)과 6월(《2010년 대기성 차관협정에 따른 예외적 접근의 사후 평가Ex Post Evaluation of Exceptional Access Under the 2010 Stand-By Arrangement》 보고서) 두 번에 걸쳐 잘못을 공식 인정했다.

사람들은 모두에게 자신의 모델을 강요하려는 거대 구조나 시도를 경계하기 때문이다. 요즘 크게 확산되고 있는 벤처 기업의 문화가 바로 보조성의 문화다. 여러 조각으로 나눠져야 할 독점 기업이 되기 이전의 구글은, 이를테면 IBM의 한 부문이 아니라 벤처 창업기업이었다.

　세상을 있는 그대로 받아들이지 않는 돈키호테적 행위와, 세상을 하향식 조직 체계로 구성하는 관료적 이상주의 사이에 바로 제3의 길이 있다. 제3의 길은 현실을 바탕에 두고 의식과 신념을 적절히 결합하며 행동하는 것이다. 그렇게 하기 위해서 반드시 적극적으로 활용해야 할 수단이 있다. 바로 국제적 민간 금융이다. 다만 그 원천이 건전하다는 것이 확실한 윤리적 금융인 경우에 한해서이다.

윤리적 금융을 위한 연대

　'윤리적 금융'이라는 말이 모순된 표현은 아닐 것이다. 조지 W. 부시가 말한 '온정적 보수주의'에 따르면 그렇다. 이는 금융, 즉 '돈으로 큰 사업을 하는 모든 것'[114]이 '도덕과 관련된 것'[115]과 쉽게 화합할 수 있다는 말이다.

하지만 그런 조합은 좀 이상할 것이다. 윤리적 금융의 또 다른 표현은 '사회책임투자[SRI]'다. 이는 '자금의 투자와 관리에 대한 결정을 할 때 금융 외적 기준(윤리, 연대, 환경, 행정 등)들을 추가하여 통합'[116]하는 것이다. 이 용어는 널리 알려져 있으며, 금융회사를 비롯한 기업들은 조직과 재정에 대해 홍보할 때 이 개념을 적극적으로 드러낸다. 자신들이 공익에 큰 관심을 두고 있다는 점을 내세우고자 하는 것이다. 사회책임투자는 꼭 필요한 마케팅 수단이 되었다.

그러나 이상하게도 사회책임투자의 목적은 21세기 경제에서 인간이 어떤 위치에 서야 하는가라는 초점에서 벗어나 있다. 기업과 투자자들이 인간을 위하는 선택을 우선시하는 데에 마치 어떤 부끄러움이나 난처함이 따르기라도 하는 것 같다. 그래서 사회책임투자는 인간 공동체의 '주변'과 관계된 문제들에 대한 폭넓은 합의에 따라 이루어진다. 그리고 그런 만큼 대체로 논쟁적이지 않은 문제로 집중된다. 말하자면, 환경, 다양성, '녹색 투자', 동물 보호 같은

• • •

114 프랑스어 사전《르 프티 로베르Le Petit Robert》, 1970.

115 앞과 같음.

116 출처: 노베딕(Novethic)

문제들이다.

사회책임투자의 마케팅 전문가들은 그 분야에서 이루어진 눈부신 발전을 소리 높여 이야기한다. '사회적으로 책임성 있는' 방식으로 관리되는 자산이 2014년에 미국 시장에서만 6,390십억 달러에서 6조5천억 달러 이상으로 증가해[117] 앞으로 20년 동안 경쟁력이 엄청나게 커지리라는 것이다.

그렇더라도 미국 경제가 그 기간에 훨씬 더 '사회적으로 책임성 있는' 경제가 될까?

사회책임투자란 개념을 너무 성급하게 비웃는 것은 잘못일 것이다. 그것은 아직 최근의 흐름이고 여전히 자신의 방향을 찾아가고 있다. 하지만 아마도 핵심에 다가서기보다는 주변적인 문제에 지나치게 쏠리는 것이 문제이기는 할 것이다.

우리가 저축한 돈을 포함하여 '자산을 관리'하는 금융 산업의 힘을 있는 그대로 보면, 세계 경제의 문제가 그 임계점에 다다랐음을 알 수 있다. 세계 최고 투자가 500명이 68조 달러 이상을 운용하고 있는데,[118] 이는 일 년 동안 지구에서 생산되는 부와 거의 맞먹는

• • •

117 출처: 미국 특수목적펀드(SIF), 제5차 연례회의, 시카고, 2015년 5월 4~6일.

118 출처: 타워스 왓슨(Towers Watson), 〈세계 최대 자산 관리자 500인The World's 500 largest asset managers〉 2012년 통계를 기초로 한 보고서. 지금까지의 금융시장의 가파른 성장을 고려할 때 오늘날의 총액은 이보다 훨씬 클 것이다.

다. 이런 영향력 앞에서 기업 경영진과 재무장관 등 자본 시장의 채무를 줄이고자 하는 세계 경제 정책 결정권자들 대부분은 굴복할 수밖에 없다. 말 그대로다. 그들은 그 투자가들을 고려해야 한다. 그 투자가들의 결정이 그들이 이루는 성공의 크기를 결정하기 때문이다. 예를 들면, 흔히 주식시장의 시세에 따라 그 보수가 정해지는 상장기업의 최고경영자는 금융가적 집단 본능에 따르는 세계적 대투자가들의 자본을 끌어들이는 것에 직접적인 이해관계가 달려 있다. 그래서 그들보다 훨씬 작은 기업들은 그들에 의해 좌지우지될 수밖에 없다. 마찬가지로, 한 나라의 재무장관은 경제 정책의 장점을 채권자인 대투자가들에게 납득시키기 위해, 이자율을 낮추려는 중앙은행에 의해 오염되지 않은 '정상적인' 환경을 제공하는 등의 노력을 하게 된다.

이 강력한 영향력을 세계 경제의 전환을 위한 진정한 수단으로 만들어야 할 때가 왔다. 생각해보자. 여러 국가들과 세계 기구들의 G20이 아니라, 세계 주요 투자가들과, 대규모 경제 주체들과, 비정부 시민사회가 함께 개최하는 G20이 가능할 수 있다. 일종의 21세기 브레턴우즈 협정이다. 이는 금융 투자의 새로운 기준을 세운다는 명확한 목표를 가질 것이다. 그 기준은 교황의 권고를 받아안으면서 '이해관계를 넘어선 연대'를 촉진하고 '경제와 금융이 인간을 위한 윤리를 회복'하도록 이끄는 것이 되어야 한다.

기본적으로 '상부'에서 규범을 정해 강제하기보다는 투자 전문가들이 '최선의 실행'을 할 수 있도록 권유하는 방법을 마련하는 것이 필요하다. 그래서 그 권유를 충실히 이행하도록 책임을 부여하는 것이다. 그 공동 목표를 함께 추구하지 않으려는 전문가들은 배제하거나 요주의 명부에 올린다. 이렇게 엄중히 감시하고, 실제 행위가 표방한 가치와 일치하는지 파악해 명단을 작성함으로써 '비행을 폭로'하는 방법이 체계적이고 효과적이다.

유례가 없는 그런 협정[119]을 통해 투자 전문가들이 스스로 규정하고 합의해 새로운 '책임'을 표명한 헌장에 서명하도록 하는 것까지는 성사시킬 수 있을 것이다.

우리 경제와 인간 사회를 위해 매년 수십조 달러의 투자를 '가장 적절한 곳에' 할당하도록 권유하는 일을 감행했을 때 불러올 실제 결과를 상상해봐야 한다.

이 협정은 아마도 두 단계를 거쳐야 할 것이다. 첫 번째 단계는 세계의 기업과 투자자들을 포함한 시민사회가, 정부가 아닌 가장 좋은 원천으로부터 영감을 얻어 스스로에게 제안을 하도록 하는 것이다.(152쪽의 '가장 먼저 실행해야 할 투자의 원칙' 참조). 두 번째 단계

• • •
119 2015년 2월에 세계은행이 비공식 회의를 가졌을 때 그런 형태의 작업을 제안할 수 있었다. 2013년 9월 24일에는 영국 상원이 이슬람금융위원회(Islamic Finance Council)가 후원하고 캔터베리 대주교가 개최한 범종교적 윤리적 금융에 관한 회의를 받아들인 적이 있기는 했다.

는 심각한 세계적 위기를 피할 수 없는 상황에서 국가들 스스로가 경제와 금융에 대한 새로운 규범을 설정하는 것이다. 세계적 재난을 거치고 난 후에야 추진할 수 있었던 1944년의 브레턴우즈 협정을 본뜨는 것이다. 이런 근본적인 제안을 바탕으로 삼아, 최근 몇 해 동안 잇따른 화폐 발행(양적완화)을 통해 인위적으로 근근이 생명을 이어가고 있는 세계 화폐 체계의 개혁을 포함하여 다양한 문제들이 안건으로 올라올 것이다.

하지만 그렇게 되기까지 당장은 첫 번째 단계, 즉 스스로 나서는 단계에 집중해야 한다.

가장 먼저 실행해야 할 투자의 원칙

이 협정의 핵심 가운데 하나는 행동의 우선순위에 대한 규정이 될 것이다. 이 우선순위에 따라 세계의 투자가들이 합의에 이르게 될 것이다. 그런데 내놓아야 할 의제들은 너무도 많다. 만약 나에게 의제 설정권이 있다면 가장 우선 처리해야 할 최소한의 두 가지를 의제로 삼겠다. 이를 헌장의 조항으로서 표현해보면 다음과 같다.

• 조항 1 : 헌장의 서명자들은 조세피난처를 이용하는 기업에 투자하는 것을 거부한다.

전 세계적으로 조세피난처를 이용한 부패는 그 금액이 해마다 1조 달러(세계은행이 추산한 뇌물)에서 2조6천억 달러(OECD 추정)에 이른다. 그러나 전체 국가들에서 정기적으로 유출되는 돈은 그 금액을 훨씬 넘어선다. 협박으로 두려움에 떠는 사람들이나 부패의 사슬에 매여 시달리는 사람들에게서 흘러들어간 돈은 계산에 넣기 힘들기 때문이다.

이런 약탈에 격분하여 얼마나 많은 사람들이 종교라는 미명 아래 맹신과 테러 행위에 빠져들었는가? 하지만 그들은 단지 스스로가 약탈의 희생자임을 알기에 그런 행위에 나서는 것이다. 이 세기적 병폐는 새로운 것이 아니다. 2006년에 교황청 정의평화평의회가 발표한 글에서 강조하듯이[120] 이는 이미 세계적으로 퍼져 있는 문제다.

아프리카와 남아메리카, 러시아, 그리고 특히 서아시아 지역의 여러 약탈형 정치가와 폭군들에 등을 돌린 수많은 사람들의 존재는 부패 행위가 국가의 이익과 얼마나 밀접히 연결되어 있는지 여실히 보여준다. 그런데 이런 병폐를 해결하기 위해 단지 국가의 선의에

• • •
120 '부패와의 투쟁(The fight against corruption)' 회의, 2006년 6월 2~3일, 바티칸 시국.

만 의지했다가는 실패를 불러오기 십상이다. 한 국가의 사정 당국에게만 국제적으로 외교관과 세관원들과 교섭하며 조사하도록 맡기는 것은, 국경선을 넘나드는 유령회사와 인터넷을 이용한 국제적 범죄 행위가 활개 치도록 보장하는 꼴이 된다.

따라서 세계적 부패와 싸우기 위해서는 여러 국가들이 자국만의 이익을 넘어서서 세계 자본주의의 블랙홀인 조세피난처를 비롯해 부패를 키우는 다양한 요인들을 '무력화'시켜야 한다. 조세피난처 목록은 이미 널리 알려져 있다. 이 지역들은 합법적 사유재산과 거대 기업들이, 대규모 범죄 행위가 숨어든 회색 지대의 어둠 속에서 아무 거리낌 없이 여러 국가의 지도층이나 약탈적 정치가들의 배임 행위와 만날 수 있는 곳이다.

조세정의 네트워크가 2014년 6월에 발표한 연구 결과가 결정적인 정보를 제공한다. 그 연구에 따르면 세계 경제의 최상류층이 조세피난처에 감춘 금액이 21~32조 달러[121]에 이른다. 따라서 전 세계 국가들은 이 조세피난처의 존재 때문에 점점 더 가난해지고 있다. '약자들', 즉 '해외'에 계좌를 가질 도리가 없는 시민과 기업들에 대한 조세부담률이 크게 증가하고 있다.

오늘날 조금이라도 공동의 책임의식을 지니고 있는 은행과 투

• • •
121 출처: 조세정의 네트워크, 〈해외 은행에 은닉된 역외경제 The Price of Offshore Revisited〉.

자회사, 기업의 경영자라면 어느 누가 자신의 자회사 단 하나라도 조세피난처에 유치하는 것을 수락하겠는가? 따라서 먼저 모범을 보이고, 인간적으로 책임성 있는 투자의 분명한 기준을 그들에게 제시하는 것은 그들의 주주, 세계적 대규모 자산 관리사가 되어야 하지 않을까? 조세피난처가 존재할 수 있게 한 공범자, 나아가 제1의 책임자인 국가 혼자서는 할 수 없는 일이다. 프랑스가 모나코와, 독일이 리히텐슈타인과, 미국이 델라웨어와, 영국이 런던과 싸우는 것을 생각할 수 있을까? 룩셈부르크의 전직 수상 장클로드 융커Jean-Claude Juncker가 지도하는 유럽위원회가 룩셈부르크를 공격하는 것은?

조세피난처를 놓고 싸우는 가장 효과적인 방법은 세계적 자금 흐름이 그곳들을 피해가도록 하여 그들을 말라붙게 하는 것이다. 오늘날 그렇게 할 수 있는 것은 세계적 대규모 자산 관리사들이다. 그들만이 해독제를 갖고 있다. 이제 그들이 나설 차례다.

• 조항 2: 헌장의 서명자들은 아동 노동을 허용하는 국가 채권과 기업 주식에 투자하는 것을 거부한다.

이 조항의 목적은 강제 노동이라는 폭력에 가장 취약한 사람들, 즉 아이들을 보호하는 것이다. 하지만 이 조항은 다양한 방향으로 확대되고 풍부해질 수 있을 것이다. 강제 노동은 노예 상태에 다름 아니다.

세계적 자산 관리사들은 이 분야에 각별한 책임이 있을 뿐 아니라, 그들이 투자하는 국가나 기업의 실상을 정확히 파악할 수 있는 수단 역시 가지고 있다는 점을 염두에 두어야 한다. 자산 관리사들은 거액의 관리 수수료를 받기 때문에 감사나 조언을 위해 파견하는 부서나 팀원들이 여행하고 연구하고 감사하고 조사하는 업무에 충분한 비용을 지불할 수 있다. 이 조사 연구 작업은 그들이 받는 관리 수수료와 그들이 파견하는 업무 팀이 존재하는 이유이기도 하다.

간단히 말해서, 직접이든 납품업자나 하청업자를 통해서든 명백히 아동을 고용하고 있는 석유회사나 세계적 상표의 제화기업, 또는 광산기업에 투자하고 있다면 세계적 대규모 자산 관리사들이 그 사실을 몰랐다고 말할 수 없는 것이다. 그렇지 않다면 그들이 받는 보수나, 세세한 부분까지 신경을 쓰는 금융가라는 평판과는 어울리지 않게 대충 일하는 비전문가임을 스스로 폭로하는 일이 될 뿐이다.

사람들은 자산 관리사의 업무를 두고, 한 회사에 대해 '엄격하게' 검토할 수 있는 '잔소리꾼'의 '철저한' 접근을 이야기한다. 그런 접근은 자기들끼리 나눠 갖는 보너스와 '성과보수'를 챙기기 위해서뿐만 아니라, 투자 수익을 최대한 높이기 위해 인간의 빈곤과 비참을 이용하는 기업이나 현장들을 몰아내는 데에도 유용하게 적용할 수 있을 것이다.

이름값을 하고 고객들의 신뢰를 받을 만한 세계적 대규모 자산 관리사라면 그 누가 그런 현실을 외면하고 자신의 일을 계속 하려고 할까?

따라서 이 조항을 위해 이론의 여지가 없는, 그러면서 큰 영향력을 가질 수 있는 실제적인 합의를 이끌어내야 할 것이다. 여기에서 앞서 말한 현대적 형태의 노예제도와 인신매매를 이용하는 석유회사, 광산기업, 제화기업의 이름을 언급하지는 않을 것이다. 그 기업들은 세간에 화젯거리가 되면서 잘 알려져 있다. 단지 미디어의 압력도 비정부기구와 소비자 단체의 활동도 지금 같은 상황에서 결정적인 성과를 이끌어낼 수 없다는 점을 분명히 하고 싶을 뿐이다.

그 대신에 세계적인 대규모 자산 관리사 가운데 주요한 곳 10곳의 이름을 들고자 한다. 앞서 말한 회사들과 그 경영에 매우 직접적이고 결정적인 영향을 미치는 곳들이다. 그리고 가까운 장래에 자산 관리사들이 이 헌장에 서명을 하게 될 때 그들에게 투자하는 이들은 공익이라는 목표를 생각하게 될 것이다. 알파벳 순서로 하면 다음과 같다. 아부다비 투자청ADIA, Abu Dhabi Investment Authority, 알리안츠Allianz, 악사AXA, 블랙록BlackRock, 크레디 스위스Crédit Suisse, 피델

리티 자산운용Fidelity Investments, JP모건, 핌코PIMCO, 스테이트 스트리 트State Street, 유비에스UBS, 뱅가드Vanguard.[122]

이자율과 보수 격차,
고용에 대한 새로운 기준

    이 헌장을 위해 넣을 수 있는 조항의 목록은 많다. 내가 이 헌장의 작성자라면 높은 이자율을 책정하는 금융회사에는 투자를 꺼리게 하는 조항을 꼭 넣을 것이다. 그런데 마이너스 이자율을 적용하는, 그리고 은행이 실질적으로 제로의 이자율로 자금을 제공받을 수 있는 금융계에서 고리高利란 정확히 어느 정도 수준일까? 프랑스에서 고리의 기준은 신용대부에 적용되는 이자율(프랑스은행의 13%)이다. 오늘날 이 이자율은 함무라비 법전(기원전 1750년)에 기록되어 있는 가장 오래된 이자율보다는 훨씬 낮은 수준이다. 함무라비 법

• • •

122 출처: '세계의 은행(Babks around the World)' 사이트. www.relbanks.com. 타워스 왓슨의 보고서에는 다음과 같은 다른 이름들이 포함되어 있다. BNP파리바(BNP Paribas), 도이치은행(Deutsche Bank), 프루덴셜(Prudential), 아문디(Amundi(Crédit Agricole)), HSBC, 나티시스(Natixis), 캐피털그룹(Capital Group), 프랭클린 템플턴(Franklin Templeton), 뉴욕멜론은행(Bank of New York Mellon) 등이 상위 20위권 안에 들어 있다.

전에는 빌려준 재산에 대해 20%와 33%를 그 이자율의 한도로 정하고 있다.

그러니 누가 그 한도를 딱 잘라 말할 수 있을까?

이와 더불어 자산 관리사들이, 불공정할 뿐만 아니라 갈등과 사회적 폭력의 원인인, 지나친 보수 격차에 한도를 두는 회사들에 투자하는 것을 유도하는 조항을 꼭 넣고 싶다. 사기업들이 그들의 가치 창출에 대해 노동자들이 분배받을 수 있는 가능성을 스스로 최대한 늘릴 수 있도록 하는 것이다. 그런데 얼마나 많은 기업들이, 특히 금융 분야에서 보수 체계의 핵심(스톡옵션, 무상주, 특별수당 등)을 회사 전체 차원으로 확대하지 않고 극소수 특권 집단만으로 제한하고 있는가?

보수 격차의 한계에 대해 누가 가장 현명하게 판단할 수 있을까? 한 세기 전에 미국 금융가 존 피어폰트 모건John Pierpont Morgan은 확실히 볼셰비키가 아니었음에도, 어떤 회사도 보수 격차가 20배를 넘는 것을 허용해서는 안 될 것이라고 단언했다. 이 기준에 따라 프랑스에서는 전 직종 최저임금제SMIC에 따라 CAC 40(프랑스 주가지수-옮긴이)에 상장된 기업의 어떤 최고경영자도 연 35만 유로를 넘는 보수를 받을 수 없게 될 것이다.

하지만 '20배'라는 한계는 바람직한 기준일까? 그 수치의 완벽하고도 상징적인 성격을 넘어 한계를 '12배'로 설정하면 안 되는 걸까? 이는 성모승천수녀회religieuse de l'Assomption의 수녀이자 에섹ESSEC 경영대학원 교수인 세실 르누아르Cécile Renouard와 예수회 신부이자 파리경제대학의 경제학자인 가엘 지로Gaël Giraud가 자신들이 쓴 책 제목[123]으로 삼으며 보수의 한계로 주장한 수치다.

이 수치는 하나의 의견일 뿐이다. 공정한 기준은 누가 설정해야 가장 합당할까?

기업들이 특히 약자를 중심으로 하여 '인간을 우선에 두는 선택'을 하도록 하기 위해, 나는 이에 더해 다국적 자산 관리사들에게, 사람들이 가능한 한 가장 좋은 환경에서 일할 수 있도록 채용하고 보호하고 일을 시키는 회사들에 우선적으로 투자할 것을 권한다. 우리는 그렇게 하는 데 참고할 만한 여러 지표들을 충분히 갖고 있다. 예를 들면 피고용자당 산출 비율이나 수익률 등이다. 이런 생각은 임금 총량과 인적 자본 비용을 억제하면서 성과와 수익을 최대화하려는 현재의 고약한 통념과는 완전히 반대되는 것이다. 그런 통념은 사회 전체를 자멸로 이끄는 접근법이다. 따라서 내 생각을 다르게 표현하자면, 고용한 노동자 수에 대한 수익률(또는 주식 시가 총액)이 높아질수록 그 회사는 투자를 덜 받게 하는 것이다. 이는 자신들의 서비스를 제공하는 데 있어 인적 자본을 최소화하려는 디지

. . .

123 가엘 지로, 세실 르누아르, 《12배 Le Facteur 12》(Paris, Carnets Nord, 2012.)

털 대기업들에게는 매우 불만스러운 일일 것이다. 하지만 그런 조치는 가능한 한 더 많은 사람들이 주변부로 내몰리거나 '폐기처분' 되지 않고 사회 안에서 사회적 삶을 살도록 해줄 것이다. 경쟁력 있는 사람들뿐 아니라 '실패자들', 즉 삶에 지친 노인들과 아직 준비가 덜 된 젊은이들, 약자들도.[124]

같은 맥락에서 나는 자산 관리사들이 장애인들을 '할당 인원'만큼, 또는 그 수를 넘어 고용하는 회사에 투자하도록 유도하고 싶다. 그리고 환경을 최대한 보호하는 회사에도. 하지만 이런 조치는 강제하기 매우 어렵고 이론의 여지도 많을 것이다. 누가 장애인이고 누구는 아닌가? 환경을 존중한다는 관점에서 가장 모범적인 기업들, '탄소 발자국'을 하나도 남기지 않는 기업이 있다면 그들은 활기를 잃거나 죽은 기업이 아닐까? 우리가 지향하는 것은 사실 역동적인 발전 아닌가?

국가 채권을 통한 자금 조달과 관련해서도 마찬가지로, 자산 관리사들이 군사독재 국가들이 아니라 민주 정부와 개방적이고 자유로운 사회에 확실한 혜택을 주길 바란다. 그러나 그렇게 하면 국가주의 정서와 폐쇄적 반응, 독재정치를 고조시키는 것은 아닐까?

• • •

124 국가들은 고용자 수와 세율을 연동시킴으로써 기업들에게 쉽게 고용을 장려할 수 있을 것이다. 그리고 기업들은 고용자 수가 많을수록 세금을 적게 낼 것이다.

이해관계를 초월한
도덕적 권위

요컨대 이 세계적 협정 의제와 우선순위를 마련하는 '판단을 하는 나는 누구인가?' 필요한 의제를 제안하는 데 나는 합당한 자격을 갖추고 있는가? 나는 프랑스인, 가톨릭 신자, 서양 문화권의 일원이라는 매우 제한된 시야에서 문제들을 바라본다. 그리고 공동선의 개념을 증진시키고자 한다면 완곡하게 의견을 표현해야 한다는 점을 알고 있다.

중국에 있는 내 친구들은 민주 정부라는 내 선택에 분명 동의하지 않을 것이다. 미국의 투자가들은 기업가들의 성과에 따른 보수에 상한선을 두자는 생각에 불쾌감을 표시할 것이다. 영국 경제와 정치 지도자들은 시티오브런던을 포함하여 영국령 버진아일랜드에서 저지 섬까지 그들의 여러 조세피난처를 없애자는 생각에 크게 반발할 것이다.

그리고 가난한 나라들의 아동 노동과 관련하여 선의로 일하는 아이들을 부유한 나라들에서 왜곡하여 오명을 씌우는 것일 수도 있다. 소말리아에서는 아이들이 일을 하지 않으면 가족들이 달리 살아갈 방도가 없다. 그래서 밭일을 비롯해 심지어는 해적선에서까지 일을 한다.

내 윤리는 물론 여러분의 윤리 역시 보편적이지 않다.

이 협정에 대한 계획이 국제적 대투자가들의 호응을 얻어 실제적인 결과물을 내오는 것은 물론, 세계 경제의 공동선이라는 보편적 규범까지 달성하는 가운데 성공하기 위해서는 산업, 국적, 문화 등의 이해관계를 초월한 도덕적 권위가 필요하다.

국제적 거대 관료기구들이 더는 그런 권위를 갖고 있지 않음을 우리는 확인하고 있다. 세계대전이 끝나고 고통받던 상황에서 그 기구들이 만들어질 당시에는 그런 권위가 있었겠지만 지금은 완전히 사라졌다.

지금 세계에서 도덕적 권위가 얼마나 필요한지 여실히 보여주는 마지막 본보기를 하나 들어보자. 인간 생명의 가치에 대한 의식, 그리고 점점 더 야만적이 되어가는 세상에서 본보기를 보일 필요가 있다는 의식으로 무장된 세계적 대규모 자산 관리사들이 그들의 기업 헌장에 다음과 같은 마지막 항목을 추가하는 것을 상상해보자. "우리는 사형제도를 유지하는 58개 국가에 더는 투자하지 않을 것을 약속한다."

누가 이 메시지를 들고 북경에, 워싱턴에, 자카르타에, 그리고 모든 이슬람 국가에 전할 것인가? 그들은 아직도 사형이라는 합법적 야만을 행하고 있으며, 흔히 정치적 해석이나 성서에 대한 독단

적인 해석에 따라 대규모로 사형을 집행하는 경우도 많다.[125]

그런데 서로 협력하는 위대한 종교들의 초월적 권위가 아니라면 어떤 양식 있는 권위가 이해관계와 국경, 독단을 초월하여 금융의 힘을 상대할 수 있을까?

하지만 그런 위대한 종교들에게 우리는 잘해봐야 협약과 국제 기구들 속에 임시 좌석을 마련해줄 수 있을 뿐이다. 들러리까지는 아닐지라도 참관인 자격으로 말이다. 세계 공동체의 의식을 진행하며 괴상한 복장과 신경信經을 들고 있는 별난 사람들을 보는 것도 그리 나쁘지 않을 것이다. 그렇지 않은가?

나는 프란치스코 교황의 뉴욕 방문에 대한 의견을 구했던 뉴욕 현지 정계의 인물에게서 그런 반응을 접한 바 있다. "유엔에 온 프란치스코 교황? 와우, 사진 찍기 좋은 기회군요!"

달리 말하면 이렇다. "웃으세요, 종교 지도자분들, 촬영하고 있습니다. 그런데 제발 연설은 짧게 해주세요. 잘 듣지도 않을 텐데요. 세상 모든 심각한 일들은 여러분 소관이 아닙니다."

세계 경제와 사회는 인간의 보편적 신앙 표현인 위대한 종교를

. . .

125 "중국을 제외한다면 이란, 이라크, 사우디아라비아가 세계 사형의 적어도 80%를 실행해왔다. … 중국은 모든 나라들의 사형 집행을 합친 것보다 더 많은 이들의 사형을 집행했다. 하지만 중국에서 벌어지는 사형 집행에 관련된 신뢰할 수 있는 수치를 얻기란 불가능하다. 그 정보가 국가 기밀로 분류되기 때문이다. 거듭 말하지만, 미국은 2013년에 '아메리카' 지역에서 사형을 집행한 단 하나의 나라였다. … 텍사스 주는 혼자 그 가운데 41%를 차지했다." 출처: 국제사면위원회.

교황의 경제학

자신의 지도력 가운데서 추방한 대가를 톡톡히 치렀다. 세계 공동체 안에 교회를 다시 복귀시킬 때가 되었다. 그리고 그들을 맹목적으로 따르지는 않더라도 어쨌든 경제와 사회 구조를 더 바람직하게 움직이는 방식에 대해 그들이 우리에게 하는 말을 들어야 한다.

다양한 방식으로 표현되긴 하지만 그들이 우리에게 보내는 메시지는 한결같다. "황금 송아지가 너희를 죽이기 전에 너희가 그들을 죽여라."

경제와 금융에 대한
각 종교들의 일치된 견해

우리 경제를 다시 인간화하기 위해 이용해야 할 수단이 윤리적 금융이라면 그것을 활성화시키는 열쇠는 세계 종교들이 공통으로 지닌 것에 있다.

우리 경제와 사회에서 인간의 존엄성을 보호하고 증진하는 사회 교리는 그리스도교, 가톨릭교회, 그리고 프란치스코 교황만의 전유물은 결코 아닐 것이다. 절대 그렇지 않다. 만약 인간이 신의 형상에 따라 창조된 성스러운 창조물이라면 그 존엄성을 위한 싸움은 가톨릭이든 개신교든 정교회든 모든 그리스도교인 공동의 싸움이다.

개신교를 예로 들자면, 개신교의 윤리는 부의 창출과 개인의 성공을 북돋고 칭송하는 데에 머무르지 않는다. 막스 베버는 의심할 여지 없이 우리 시대와 매우 가까운 사람이고, 그의《프로테스탄트 윤리와 자본주의 정신》이 금전상의 성공과 타협하는 길을 열었기에 도덕과 경제와 관련된 논쟁에서 많이 인용된다. 그러나 개신교의 기원으로 거슬러 오르면 마르틴 루터의 말을 더 많이 인용해야 하지 않을까? "어떤 어려움과 위험이 닥치더라도 우리는 이웃과 더불어 이렇게 행동해야 한다. 누군가의 집이 불타고 있으면 사랑이 명하는 대로 그곳으로 달려가 불 끄는 것을 도와야 한다. 만약 불을 끌 사람이 충분하다면 집으로 되돌아와도 좋고, 그곳에 머물러도 좋다. 이웃이 물이나 구덩이에 빠지면 나는 그곳을 떠날 권리가 없으며 역시 가능한 한 빨리 달려가 그를 구해야 한다. 만약 다른 사람들이 그렇게 하고 있다면 나는 그 일에 얽매이지 않아도 된다. 이웃이 굶주리거나 갈증에 시달린다면 그냥 내버려두어서는 안 된다. 내가 더 가난해지거나 약해지게 될 위험을 무릅쓰고라도 그에게 음식과 물을 주어야 한다."[126]

여기서 발견할 수 있는 착한 사마리아인의 태도와 행동은 가톨

• • •

126   마르틴 루터,《선집 *OEuvres*》제5권(Geneve, Labor et Fides, 1978, p.248.)

릭이나 개신교, 나아가 그리스도교인만이 보이는 것이 아닌 보편적인 모습이다.

또한 우리와 좀 더 가까운 사람을 찾는다면, 뉴욕 빈민가의 목자이자 《사회복음을 위한 신학 *A Theology for the Social Gospel*》의 저자로서 마틴 루터 킹에게 큰 영향을 준 월터 라우셴부시Walter Rauschenbusch(1861~1918)도 있다. 그는 자신의 삶을 "일자리도 옷도 신발도 희망도 없는"[127] 이들을 위해 헌신했다.

정교회의 경우, 2000년에 역사적 문서를 발표했다. 한마디로 동방정교회의 '사회 교리의 기초'가 될 것이다. 정치와 사회 문제보다 경제 문제가 덜 비중 있게 다루어져 있지만 이 문서는 특히 개인들 사이, 그리고 국가들 사이의 기회 불평등을 분명하게 바라보는 관점에서 접근하고 있다. 특권을 누리는 소수의 개인과 나라들을 마주하여 많은 나라들이 "빚 때문에 앞서 산업화된 몇몇 나라들의 재정에 종속된다. 그리고 스스로 존엄성을 지킬 수 있는 조건을 갖출 수 없게 된다. … 그 나라 사람들 사이에서는 불만과 환멸이 커져간다."[128]

• • •

127 프레데리크 로뇽(Frédéric Rognon) 인용, 〈개신교 전통 속의 빈자 Les pauvres dans la tradition protestante〉(*Revue Quart Monde*, n° 208.)

128 예수회의 장 이브 칼베즈(Jean-Yves Calvez) 인용, 〈러시아 정교회의 사회 교리? Une doctrine sociale de l'orthodoxie russe?〉(*Études*, 2001/4, p.520.)

프란치스코 교황보다 일찍이 비슷한 우선순위와 표현들을 밝혀왔음을 알 수 있지 않은가!

∞

유대교도 마찬가지로 구약성경에서 황금 송아지에 대해 분명하게 경고하고 있다. 모세5경(토라^{Torah})의 세 번째 권인 레위기에는 오늘날 우리의 환경 문제와 경제 문제를 풀기 위해 가장 중요한 이해와 해법의 열쇠 가운데 하나가 담겨 있다. 특히 빚에 허덕이는 국가와 개인들을 위해서 중요한 것인데, 바로 희년이다. 25장에는 시나이 산에서 신이 모세에게 이렇게 이른다. "내가 너희에게 주는 땅으로 너희가 들어가면, 그 땅도 주님의 안식을 지켜야 한다." 마찬가지로 신이 천지를 창조할 때 신의 형상으로 빚은 인간들 역시 7일마다 하루를 쉬어야[129] 한다. 또 7년마다 한 해는 땅을 쉬게 해야 한다. 회복할 시간을 주어야 땅이 지력을 되찾을 것이고 그렇지 않으면 고갈될 것이다.

이 명령이 리우데자네이루, 코펜하겐, 파리의 국제회의에서 충분히 실현되었는가?

. . .

129 각자 금요일부터 일요일 가운데 하루를 선택해야 한다.

"일곱째 해는 안식년으로, 땅을 위한 안식의 해, 곧 주님의 안식년이다." 그러나 이것이 다가 아니다. 인간의 경제 역시 안식년의 휴식을 취해야 한다. 49년(7년의 7번)이 끝난 후에는 경제의 움직임도 마찬가지여서 강한 자와 약한 자 사이에서, 승리한 자와 패배한 자 사이에서 자연의 한계를 받아들여야 한다. 한쪽에서는 도저히 갚을 수 없을 정도의 빚에 쪼들리는 사람들이 마침내 노예 신세로 전락하는 한계점에 도달한다. 또 다른 한쪽에서는 사회가 더는 지탱할 수 없을 정도로 부와 재산을 축적한 사람들이 생겨난다. 이때가 바로 희년이다. "너희는 이 오십 년째 해를 거룩한 해로 선언하고, 너희 땅에 사는 모든 주민에게 해방을 선포하여라. 이 해는 너희의 희년이다. 너희는 저마다 제 소유지를 되찾고, 저마다 자기 씨족에게 돌아가야 한다."

간단히 말하면 빚의 면제다. 신은 자신의 창조물인 인간의 마음을 잘 알고 있다. 그렇기에 한쪽에서는 부를 쌓고 다른 한쪽에서는 빚이 쌓이는 상황에서 '시장의 힘'이 제한 없이 행사되도록 놔두면 인간 사회가 지탱하지 못한다는 점을 분명히 알고 있다. 일부에게 쌓이는 부와, 빚을 갚지 못하는 사람들이 처하는 종속과 노예 상태 사이의 커다란 격차로 말미암아 사회는 심각한 동요를 겪을 것이다. 그렇기 때문에 그런 시련을 감내하기보다 희년으로 그 구조를 정비하는 것이 더 낫다.

2015년에 프랑스는 30년 동안 쌓인 말리공화국의 빚 약 6천 5백만 유로의 단지 3분의 1을 면제해주었다. 벌어들이는 이익으로 이제 무엇을 해야 할지조차 모르게 된 세계의 대채권국들이 이와 비슷한 일을 더 큰 규모로 할 수는 없을까?

단순한 권고가 아닌 신이 내린 이 명령은, 빚더미에 허덕이는 세계 경제 속에서, 즉 그리스와 미국을 비롯한 여러 나라들의 가계 부채가 결코 상환될 가능성이 없고 반대로 소수의 손에 점점 더 많은 부가 쌓이는 상황에서 고려할 가치가 없는 것일까? 중앙은행의 정책에 따라 막대한 양의 화폐를 발행하고 있는 현재의 모습이야말로 바로 희년을 예고하고 있는 것은 아닐까? 이 희년을 우리는 초인 플레이션이나 전쟁을 통해 겪을 수도 있고, 아니면 우리 스스로 만들어낼 수도 있을 것이다.

레위기의 같은 장에서 야훼의 이 명령은 다음과 같이 이어진다. 희년 동안에는 "땅을 아주 팔지는 못한다. 땅은 나의 것이다. 너희는 내 곁에 머무르는 이방인이고 거류민일 따름이다." 여기에 가톨릭교회 사회 교리의 기둥이자 재산의 보편적 운명이 분명히 표현되어 있는 것이 아닐까?

세계의 대종교들이 하나같이 경제의 핵심 문제를 다루며 인간을, 성스러운 인간을 중심에 놓은 것은 우연이 아니다. 그리고 그 종교들이 서로 공명하며 비슷하거나 같은 메시지를 전하는 것도 우연이 아니다. 그 종교들은 인간의 전능함을 설파하는 여러 세속 철학들보다 우리 인간의 한계와 나약함을 더 잘 알고 있다. 우리는 살아가기 위해 타인에게 의존해야 하는 존재인 것이다.

우리는 수천 년의 경험 속에서 길어 올린 교훈을 담은 이 종교들의 지혜를 반계몽주의라는 이름으로 얼마나 오랫동안 외면해왔는가? 단기적인 안목과 지적 자만으로 정립된 거시경제학의 최근 이론에 만족해야만 하는 걸까? 바람직한 해결책을 찾고 분석하기 위해 마르크스나 시카고학파의 이론에 기대야 하는 걸까? '합리적' 계량경제학의 최근 모형이 특히 금융시장과 관련해서 수학적 정리처럼 증명이 되었다면 그래야 할지도 모르겠다.[130]

이슬람교의 금융 원칙 역시 이슬람교의 사회 교리에 해당하는 샤리아charia에 기초하고 있다. 샤리아에서는 이자riba를 공식적으로 금지하고 있는데, 이는 4세기부터 가톨릭교회가 고리를 금지하고 있는 것과 일맥상통하는 것 아닐까?[131] 마찬가지로 투기적 행위maysir나 사회에 해롭다고 판단되는 행위(술, 포르노그래피 판매)에 대한 출

• • •

130 나는 특히 블랙숄스 모형(BlackScholes model)이 사기라고 생각한다. 1973년에 발표된 이 모형은 금융시장 옵션을 기초로 하고 있는데 2008년 위기와 함께 산산조각 나버렸다. 더 깊이 알고 싶다면 이언 스튜어트(Ian Stewart)의 책 《세상을 바꾼 17가지 공식들 *17 Equations That Changed the World*》(Londres, Profile, 2012.)을 참조하라.

131 서기 325년 니케아 공회의 결정.

자 금지 역시 유대·그리스도교의 특정 윤리, 특히 개신교의 사업 윤리와 일맥상통한다. 마지막으로 자금이 필요한 사업자와 은행이 공동 출자하는 형태의 금융 거래인 무샤라카moucharaka 또한 이에 해당된다. 유체자산有體資産에 출자해야 할 의무, 기업의 손실과 이익을 나눠 가질 의무가 있으며 이자를 목적으로 할 수 없는 무샤라카는 참여 윤리를 중요시하고 실질경제에 우선권을 두고 있음을 보여준다. 이렇게 인간적이고 실물적인 경제는 그리스도교 사회 교리의 특정 요소들과 완전히 일치한다. 이런 기준들이 있었기에 서브프라임 위기 때 이슬람의 자산 관리사들이 서양의 자산 관리사들보다 직접적인 영향을 덜 받을 수 있었다. 서브프라임 위기는 투기 경제(금융파생상품)와 고리 경제(서브프라임 대출의 높은 이자율이 채권 관리사들에게 일시적으로나마 큰 수익을 안겨주었다)의 응축물이었으니 당연한 일이었다.

의무적인 헌금 행위인 자카트zakat는 이슬람교의 세 번째 기둥이라 할 수 있다. 헌금, 즉 사랑의 의무를 실행하는 것은 이슬람교도의 정체성을 이룬다. 여기서도 '가난한 이들을 위한 우선적 선택'으로서 자기 부의 일부를 나누어야 할 의무를 인정하는 모습을 볼 수 있지 않은가?

좀 더 동쪽으로 인도를 향해 나아가면 만나게 되는, 세상에서 가장 오래된 종교 가운데 하나인 힌두교 역시 같은 이야기를 하고

교황의 경제학

있다. 경제 속에서 힌두교의 가치관을 실현하려는 목적을 지닌 세계 힌두교 경제포럼World Hindu Economic Forum은 '사명 선언'과 함께 그 점을 분명히 밝히고 있다. "부의 잉여를 생산하고 나눔을 통해 사회를 번영시킨다."[132] 존재의 조화를 지향하는 힌두교가 실현하고자 하는 가치와 의무인 정직, 인내, 연민은 끝없는 물질적 성장의 추구가 높은 정신적 가치에 의해 절제되지 않는 한 그것과 쉽사리 조화를 이룰 수 없다. 성장에 대한 광적인 추구는 조화를 위협하면서 반드시 탐욕과 부패를 불러일으킬 것이다.[133]

세계 5대 종교 가운데 하나인 불교도 마찬가지로, 부 그 자체를 끝없이 손에 넣으려는 것과 반대되는 가치와 행위를 추구한다. 검소함과 비폭력을 원리로 삼는 불교는 서양과 아시아의 대규모 경제권에서 나타나는 '더 많이' 일하기에 반하여 만족과 조화라는 중요한 목표에 이르고자 한다.

불교가 영향력을 미치는 지역에서 우리는 일본과 한국, 대만이 제2차 세계대전 후에 이룩한 경제 기적을 볼 수 있다. 그리고 얼마

• • •

132 http://www.wheforum.org/: "세계 힌두교 경제포럼의 목적은 부의 잉여를 생산하고 나눔을 통해 사회를 번영시키는 것이다."

133 "조화는 힌두교 사상의 핵심이다. … 물질적 성장은 정신적 가치에 의해 절제되지 않는다면 탐욕으로 이어지고 탐욕은 부패를 낳을 것이다." 포덤 대학교에서 열린 힌두교 경제에 관한 회의에서 전직 인도 상무부 장관이자 자나타 당 대표인 수브라마니안 스와미(Subramanian Swamy)가 한 말. http://www.legacy.fordham.edu/campus_resources/ enewsroom/archives/archive_2133.asp.

전까지 서양의 여러 나라들이나 중국에서 확인되는 것보다 훨씬 적은 소득 격차 수준을 보였다.[134]

부탄의 경우 국왕이 주도하여 1972년에 국민총행복지수Gross National Happiness를 도입했는데, 국내총생산으로 부의 크기를 측정하던 당시에는 많은 사람들의 비웃음을 샀다. 40년이 지나자 이 불교 신자의 제안에 담긴 정수가 더는 비웃음거리가 되지 못했을 뿐 아니라 오히려 전 세계에서 이를 본받으려 하고 있다. 국민총행복지수의 네 기둥은 지속가능한 개발, 문화적 가치의 증진, 환경보호, 현명한 통치다. 시간이 지나면서 이 지수는 태국과 한국, 캐나다(캐나다행복지수Canadian Index of Wellbeing), 인도의 고아 시와 미국의 시애틀에 영감을 주었고, 2011년에는 유엔이 세계행복보고서를 발표하기에 이른다.

결국 아시아의 종교와 철학들(조로아스터교, 자이나교, 도교, 유교)도 무리 없이 이러한 원리를 받아들였고, 시크교까지 경제와 관련하여 다른 세계적 종교들과 비슷한 규범을 마련하게 되었다. 시크교도의 규범집인 레하트 마르야다Rehat Maryada는 사회정의와 책임을 추구하는 다람살dharamsal 개념을 넘어서 시크교도가 어떻게 생계를

• • •

134 1980년대까지는 '공평한 성장(Growth with equity)'이라 불리는 모형이 실제로 이루어졌다. 출처: 왕 평(Wang Feng), 〈'공평한 성장'의 종말? The end of 'growth with equity'?〉(*Analysisfrom the East-West Center, no* 101, 2011. 6.)

교황의 경제학

꾸려가야 하는지 규정하고 있다. 그에 따르면 정직한 노동과, 그 결실을 다른 사람들과 나누는 것을 의무로 하고 있다. 이 규범은 시크교의 세 가지 기둥 가운데 두 가지다.

세계 경제의 전환을 위한 시민사회와 종교계의 공동 전선

자명한 이치가 눈에 들어온다. 가톨릭교회의 사회 교리처럼 세계적 종교들은 각기 자신의 언어와 전통으로 현재 세계의 여러 실상들을 용인하지 않는다. 그 실상이란, 세상만사의 척도로서 인간의 발전과 행복을 희생시키는 돈이라는 군주, 지구 자원의 고갈을 비롯해 모든 것을 희생시키는 성장, 인간을 노예화하고 인신매매까지 일삼는 착취와 조작 등이다.

따라서 바로 지금이 공통의 관심사와 가치를 토대로 효과적이고 실제적인 공동의 의제를 내놓을 수 있는 적기가 아닐까?

종교라는 이름으로 세계 전역에서 서로를 죽이고 있는 지금이야말로 일신론의 세계적 종교들뿐 아니라 인본주의적 의제를 공유하는 철학과 영성의 장본인들이 공동 전선을 구축할 절호의 기회일 것이다.

그리고 우리가 실속 없는 토론이 아니라 확실하고 구체적인 목표를 정하고 이를 추구하는 것을 전제로 할 때, 이 공동 전선이 담당해야 할 일은 오늘날 세계 경제의 주요 행위자들과 함께 새로운 규범을 세우고 더 나은 실천을 하는 것이다. 그 행위자로서 가장 선두에 모습을 드러내야 할 이들은 세계적 대투자가들이다. 그들은 수십조 달러의 자금이 좋은 곳 또는 나쁜 곳으로 빛의 속도로 투자되도록 할 수 있다.

또한 세계 경제의 초국가적인 다른 주요 행위자들이 그들의 국가적이고 사적인 이해의 전선과 한계를 뛰어넘을 수 있도록 유도해야 한다. 재산과 에너지의 상당 부분을 공익에 쏟아 붓는 기업가들, 기업의 책임자들이 훌륭한 기여자들이 될 것이다. 나는 여기서 특별히 미국과 중동과 아시아의 자선가들을 떠올린다. 그 뒤로 한물간 유럽의 자선가들이 따를 것을 기대하며.

지금 말하고 있는 협정은 이를테면 '시민사회와 종교계의 G20'이라 할 수 있다. 이는 국가들의 G20이 슬프게도 더 나은 실행 규범을 만드는 데, 그리고 2008년 위기의 충격 후에 안정된 바탕 위에서 세계 경제가 다시 출발하기 위한 새로운 틀을 만드는 데 실패한 바로 그 지점에서 이를 극복하기 위한 것이다. 그러나 국가들의 G20의 실패는 오래 전부터 진행되고 있었다. 완전히 세계화된 경제 속에서 어떤 국민국가도 얼마나 강력한가와 상관없이 자신에게 제기되는 문제에 효과적인 대응을 할 수 없었다. 국가적 의제들도 서로 경쟁관계에 놓임으로써 실패를 부추겼고 초라한 결과밖에 얻지 못했다.

그렇다고 그 국가들을 너무 성급히 매장해서는 안 될 것이다. 전쟁이나 재난 같은 비극적 사건들이 일어날 경우 공동의 이해관계에 따른 해결책을 모색하기 위해서는 그들의 힘을 빌려야 한다. 그들이 행동에 나설 것을 다시 요청받는 때가 올 것이다. 그때는 경제와 금융의 불안정에 대해 국제 공조 체제 아래에서 효과적으로 대응해야 할 것이다. 그러나 지금은 국경을 뛰어넘어 공동선을 추구할 수 있는 힘에 의지해야 한다. 바로 종교들이 함께 국제 금융의 커다란 힘에 보편적 양심을 채워 넣어주어야 하는 것이다.

'엉뚱한 발상'이라고 비웃음을 살 이야기인가?

가능한 일이 아니라고 코웃음을 치는 사람들도 틀림없이 있을 것이다. '소귀에 경 읽기.' 또 어떤 사람들은 위대한 종교가 자금 융통, 투자 수익, 보수 상한, 조세피난처 금지 등을 논하면서 격을 떨어뜨린다고 한탄할지도 모른다.

그러나 처음에는 터무니없다고 여겨졌지만 마침내 현실로 등장한 유럽연합이 20세기의 가장 훌륭한 성과물이었다는 점이 설득력 있는 증거가 될 수 있을 것이다. 1950년대 초반에 어제의 적인

4장 : 세계 경제 위기의 전환을 위해 무엇을 해야 하는가

독일과 프랑스를 끌어들여 중립국인 룩셈부르크에서 석탄과 철강 산업에 대한 협정을 성사시킨 것이 더 불가능한 일이 아니었을까? 다시 말해 유럽 대륙이 60년간 누린 평화와 번영은 때맞춰 제안한 장 모네Jean Monnet(유럽공동체의 설계자-옮긴이)의 이상하고 유례없던 구상이 얼마나 큰 혜안이었는지를 보여준다.

세계적 종교들과 투자가들 그리고 시민사회 사이의 협정이라는 구상에 대해서도, 효과적이고 집행력 있는 규범의 실행을 위해 여러 국가들이 결합하기를 기대하면서 이런 희망을 가져본다. 내 희망은 가능한 한 빨리 협정이 성사되어 다음번 세계적 금융위기가 일어나기 전에 결실을 맺는 것이다.

새로운 구조의 설계를 위해 붕괴를 기다릴 필요는 없다. 새로운 브레턴우즈 협정의 기초를 세우기 위해 세 번째 세계적 충돌을 기다릴 일은 결코 아닌 것이다.

교황의 경제학

장벽 너머에서

> "… 하늘을 믿는 자, 믿지 않는 자
> 그들의 발자취 위에 새겨진 진리를 무엇이라 부르든
> 믿는 자는 성당에 몸을 담았고 믿지 않는 자는 몸을 피했다."
>
> ─ 〈장미와 물푸레나무〉
> 《프랑스 여인 디안 *La Diane française*》, 루이 아라공, 1944년.

뉴욕 포 프리덤스 파크, 2015년 6월 3일.

어떤 리더십으로 그런 협정을 조직해야 할까? 로마에서 가톨릭으로? 제네바에서 칼뱅주의로? 아니면 뉴욕에서?

그렇게 전 세계적이고, 구체적이고, 21세기의 경제·인구 통계적 현실과 연결된 경제적 협정을 이끌 '종교적'이고 문화적인 리더십은 없을 것이다.

게다가 이 협정이 성공하기 위해서는 정치적 성향이 강한 종교 '지도자'가 아니라 경제 문제를 형평성 있게 대하고 완전히 보편적인 행보를 중시하는, 다양한 종교의 신도들을 초청하도록 힘써야할 것이다. 또한 유교나 공화주의적 인본주의를 비롯해 세속 철학의 대표자들을 포함하는 통합운동이 되어야 한다.

이 협정의 장소는 서양이 되지는 않을 것이다. 우리는 이제 20세기에 살지 않기 때문이다. 아시아, 아프리카, 중동의 어느 나라, 어느 도시가 좋을 것이다. 수천 년 동안 세계의 다양한 문화와 종교가 공존해왔고 그 때문에 서로 반목할 위험도 있는 곳들이다. 예루살렘이나 베이루트 또는 그리스도교도, 이슬람교도, 불교도가 공존하는 힌두교의 성도聖都 바나라시가 특히 의미 있는 장소가 될 것이다.

"협정이란 구상은 참 좋습니다. 그런데 무엇을 위한 규범이고 최선의 실천인지 말해줄 수 있나요? 정확히 어떤 목적으로? 그렇군요. 솜씨 좋게 협상을 성사시키는 게 당신의 포부 아닌가요?"

'시민사회와 종교계의 G20'이라는 구상을 전하려고 했을 때 뉴욕에서 만난 한 사람은 이렇게 질문했고 나는 바로 응대했다. 아니다. 내 포부나 바람은 그럴 듯한 협상의 성사에 있지 않다. 내가 바라는 것은 위대한 종교와 인본주의 철학들의 공통된 교훈을 통해 세계 경제의 주요 당사자들이 되도록 빨리 금융 관행을 바꾸도록 유도하는 것이다. 벌써부터 보람 없는 일이 되리라 말할 수는 없을

것이다. 더욱 야심찬 목표로 향하는 지금 단계는 손이 미치는 거리
에 있다. 그것은 현실적이고 빠른 시일 안에 실현 가능하다. 임박한
또 한 번의 금융위기가 이 구상의 의미를 뚜렷하게 만들 것이다. 국
가들의 공조는 너무 재정에만 크게 의존하게 되면서 실패할 것이
고, 시민사회와 종교계의 실제적이고 구체적인 공동 작업은 바로
그 지점에서 성공의 기회를 잡을 것이다.

더욱이 2008년 위기 이후에 종교들 사이의 공동 행동이 여러
차례 경제 영역에서 이루어졌다. 예를 들면, 김용Jim Yong Kim 총재가
이끄는 세계은행은 2030년까지 극심한 빈곤을 철저히 퇴치한다는
목표 아래 몇 가지 계획을 수행하기 위해 수십 개의 종교 단체들과
협력할 것을 결정했다.[135] 그러나 세계은행 범종교 행동의 책임자인
애덤 러셀 타일러Adam Russell Taylor 목사의 지적처럼 "개발 원조의 성
패는 종교적 영감을 지닌 단체들이 각 지역에서 토지와 어떻게 관
계 맺느냐에 달려 있다. 자원의 원활한 할당과 토지의 활용과 보존
을 위한 동기 부여는 흔히 그 단체들의 구체적 행동에 달려 있다."[136]

• • •

135 2015년 7월 7~9일 개최된 지속 가능한 개발에 관한 협의인 사회적 책임을 위한 국제 협력(Global Partnership for Social Accountability). 2015년 4월 9일 이 계획을 발표할 때 김용 총재는 세계은행의 프로그램들에 종교계를 포함시킬 것을 분명히 밝혔다. "심각한 빈곤을 끝내는 운동을 위한 주요 지도자들 중에는 우리 가운데 가장 취약한 이들을 돕고자 깊이 각성한 신앙인들이 빠질 수 없다고 나는 믿는다."

136 2015년 6월 2일에 진행한 대담.

맺음말 : 장벽 너머에서

각 지역에서 효율적으로 대응하면서 세계적으로 사고해야 하는 21세기의 복잡한 경제 상황 속에서 종교의 참여는 성공을 위한 핵심 열쇠가 된다. 세계 경제를 위한 규범들을 만들고 결정을 내리는 회의와 장소에서 종교를 배제했던 것이야말로 실패를 자초한 핵심 요인이 아니었을까?

∞

다양한 종교와 인본주의 철학들의 상호 존중과 적극적 개입으로 2030년까지 빈곤을 뿌리 뽑기. 오랜 세월 전해 내려온 지혜 속에서 길어낸 규범과 지침의 도움으로 더욱 인간적인 경제와 사회를 건설하기. 이는 유토피아적 생각이 아니다. "이것은 매우 오래된 낡은 전망이 아닙니다. 우리 자신의 시대와 우리 세대에 실현 가능한 유형의 세상에 정확히 기초하고 있습니다."[137]

내 영감의 원천 가운데 하나는 프랭클린 루스벨트가 한 이 '네 가지 자유' 연설이다. 루스벨트는 미국이 제2차 세계대전에 참전하기에 앞서 1941년 1월 6일에 이 연설을 했다. 2015년 6월 어느 날

· · ·

137 "That is no vision of a distant millennium. It is a definite basis for a kind of world attainable in our own time and generation." 뉴욕 시민들은 이 연설을 루스벨트 섬 남단 끝에 있는, 루스벨트가 큰 영감을 준 조직인 유엔 건물이 바라보이는 포 프리덤스 파크의 비석에서 찾아볼 수 있다.

오후에 나는 루스벨트 섬의 포 프리덤스 파크를 찾아가 이 연설[138]이 적혀 있는 비석을 다시 읽어보았다. 전직 미국 대사이자 케네디 대통령의 조언자였고 이 기념물을 만든 장본인인 윌리엄 빌 밴든 휴블William Bill vanden Heuvel은 당시 있었던 한 기념 연회에 온 사람들에게 루스벨트의 비범한 인격을 상기시켰다. 39세부터 '서지도 걷지도 못하는' 이 자유세계의 지도자는 비관주의와 패배의식, 독재의 경향이 팽배했던 20세기에 낙관주의와 저항과 자유의 정신을 체화한 인물이었다.

경제와 정치 분야에서 21세기의 루스벨트는 어디에 있는 걸까? 야만과 폭력이 난무하는 세상을 있는 그대로 받아들일 수 있으면서도 특히 경제를 중심으로 하는 야만적인 세상에 퍼져 있는 냉소주의와 절망이라는 두 경향을 거부할 수 있는 사람 말이다. 우리는 오랫동안 세계 곳곳에서 그런 지도자가 나오기를 고대했지만 아직까지는 이루어지지 않고 있다.

138 루스벨트는 이 연설에서 미국이 참전하려는 근원적 이유와 궁극적 가치를 분명히 밝혔다. 그것은 바로 네 가지 기본 자유인데 의사표현의 자유, 신앙의 자유, '물질적' 자유(즉, 결핍으로부터의 자유), 공포에 떨지 않을 자유(즉, 공포로부터의 자유)였다.

내 꿈은 이렇듯 인간을 경제의 중심에 놓기 위한 범종교적 행동이라는 중요하고도 실질적인 단계보다 더 멀리 나아간다. 그 꿈은 나의 정체성과 한계에서 나온 것이다.

나는 여러 측면에서 특권적 삶을 살고 있다. 나는 지중해 연안 북쪽 부유한 나라의 좋은 지역에서 태어났다. 지중해는 전쟁과 빈곤에서 탈출하려는 사람들이 날마다 수십 명씩 빠져 죽는 바다의 묘지다. 나는 애정 깊고 화목한 가정의 유복한 환경에서 성장했다. 이런 환경 덕분에 나는 문화와 일에 대한 안목을 가질 수 있었고, 그로 인해 만족스러운 학업과 직업 생활을 누릴 수 있었다.

또한 나는 어린 나이에 좌절했다가는 다시 일어서는 경험을 하는 가운데 내 한계들에 대해 정확히 파악할 수 있는 기회도 가질 수 있었다.

그런데 내 직업은 프랑스 예수회의 일부 수도사들이 했던 국왕의 고해 신부 역할과 그리 다르지 않다. 세계 경제에서 큰 승리를 거둔 유력 인사들을 만나 상담해주는 일이 잦았던 것이다. 그들 가운데에는 정치와 경제의 책임자와 기업의 경영진, 그리고 포브스지가 선정한, 세계 인구의 0.00003%에 드는 억만장자 1,826명에 속한 이들도 있다.

그래서 나는 그들을 '보통의' 인간과는 동떨어지게 만드는 조건을 속속들이 잘 알 수 있는 위치에 있다. 그것은 바로 그들의 에너지다. 그들은 위험을 무릅쓰는 대범함, 실행력과 결단력을 지녔으며, 일을 함에 있어서 자기 자신에 대한 의심을 전혀 또는 거의 하지 않는다. 카리스마와 자신의 생각을 관철하는 능력 또한 뛰어나다.

그와 동시에 나는 그들의 약점과 불안에 대해서도 잘 안다. 그들은 자기 자식들에게 물려줄 세상에 대해 많이 불안해한다. 가족들 가운데 크게 성공하지 못하거나 비틀거리거나 장애를 겪는 이가 있으면 근심에 사로잡힌다.

나는 '승자독식'의 경제 또는 '죽이는 자가 모든 것을 가져가는' 경제에서 그들이 신분과 지위에 대해 얼마나 과민한 반응을 보이는지 일상적으로 확인한다. 표현은 반대로 하지만 그들은 스스로를 속이고 있으며, 그들 스스로도 그 점에 대해서 알고 있다.

세계 경제의 승자들도 자기 자식들의 미래를 걱정한다. 프란치스코 교황과 위대한 종교들의 사회 교리처럼 그들도 우리가 경험하고 있는 과도한 부의 생산과 소비 세태와 인간성 박탈을 부조리하다고 생각한다. 그런 현실에서 그들은 직접적인 혜택을 보고 있지만 사실은 이런 금융적 부의 과잉과 노동자들(인간)에 대한 압박 상태가 오래 지속되지 못하리라는 점을 그들 스스로도 잘 알고 있다.

나는 적극적인 삶 속으로 들어갈 만반의 준비가 된 졸업생들의 이력서를 수십 장 받아보았다. 하지만 우리 사회는 그들을 오랫동안 길거리에 방치한다. 일자리를 찾지 못한 이들, 또는 어떻게든 일자리를 갖게 되었더라도 그것을 지키기 위해 불안 속에서 끊임없이 서로 경쟁하는 이들. 이들 가운데 덜 준비되고 덜 단련된, 그리고 튼튼한 사회적 관계망을 갖지 못한 많은 이들의 고뇌와 비참을 상상만이라도 할 수 있을까? 그런 고뇌와 분노는 그들이 자신은 물론 우리 모두에게 매우 위험한 길을 가게 할 수 있다. 지옥과도 같은 거짓 천국을 만들려는 이른바 지하디즘^{djihadisme}이라는 이슬람 근본주의 무장투쟁이 시리아와 이란에서 극성을 부리고 있는 것도 이와 무관하지 않다.[139]

내 꿈과 희망은 우리의 경제와 사회를 다시 인간화하기 위해 시민사회와 종교계의 협정을 조직하는 구체적인 계획을 넘어선다. 가까운 장래에 세계 경제의 승자들이 그들 자신의 한계를 인식하고, 너무도 강경한 율법의 석판을 뒤집어엎고 좀 더 섬세한 율법을 적용하는 혁명적 변화를 이루기를 꿈꾼다. 그리하여 자신들만을 위한 닫힌 사회, 하찮은 재산 쌓기에 매몰된 사회의 빗장을 활짝 열기를 바란다.

그런데 이런 꿈이 우리 눈앞에서 현실로 나타나고 있지 않은가? 인색함 때문에 규모에 비해 평판이 떨어지는 거대기업들도 더

• • •
139 "[시리아와 이라크에 있는 유럽의 청년들이] 현재 3,000명에 달한다. 이 수치는 여름까지 5,000명, 올해 말까지 1만 명이 될 것이다." 프랑스 총리 마뉘엘 발스(Manuel Valls), 2015년 3월 8일(RTL).

많은 노동자들의 생활과 노동 조건을 향상시키려는 근본적인 움직임을 보이고 있다. 2015년 봄에 미국 유통회사 월마트는 50만 노동자의 최저임금을 시간당 9달러로 올렸다. 미연방 최저임금보다 25%가 높은 액수다. 맥도널드를 비롯한 다른 미국 대기업들이 그 뒤를 따랐다. 한편 마이크로소프트사는 연 15일 이상의 유급휴가를 적용하지 않는 납품업체와는 거래를 하지 않기로 결정했다. 이런 움직임에 따르지 않는 기업들은 새로운 환경의 낙오자가 되는 건 아닐까?

마찬가지로 사람들에게 지급하는 보수를 경제적 생산성에 대한 직접 기여나 소유권과 '연계하지 않을' 필요성에 대해 진지한 논의를 하기 시작했다. 이런 보편소득에 대한 구상이 나온 지는 벌써 200년이 지났다. 보편소득을 처음 주장한 사람은 토머스 페인Thomas Paine이다. 페인은 영국인 지주들에게 지대를 걷어 모든 사람들에게 '보편소득'으로 재분배하자고 제안했다. 토지는 공유재산이기 때문이다.[140] 경제에서 전면적으로 이루어지고 있는 자동기계화는 많은 사람들을 일자리에서 내몰 것이기 때문에 과거에는 유토피아라고 생각했던 '생활소득revenu d'existence'이 앞으로 분명한 영향력을 갖게 될 것이다(우리나라에서도 기본소득, 시민소득, 시민배당 등의 이름으로 활발

• • •

140 〈토지분배의 정의Agrarian Justice〉, 1795년.

한 논의가 이루어지고 있다.-옮긴이).

빚에 대한 '희년'이라는 분명한 유토피아에 대해 말하자면, 컨설팅 분야의 세계적 기업 매킨지 그룹이 2008년 위기 이후 세계의 공채 폭증에 관한 최근 연구를 통해서 그것을 분명하게 권고했다. 전 세계적으로 쌓인 채무 '총량'은 오늘날 199조 달러로 세계 국내총생산의 286%에 달하는 액수다. 단 6년 만에 57조 달러가 치솟은 것이다. 상환이 가능하지 않다. 원금뿐만 아니라 곧 그 이자도 걷잡을 수 없이 증가할 것이다.

조만간 국가들 사이의 협의를 통해 평화적으로 그 빚의 상당 부분을 탕감[141]하는 것 말고는 더 합리적인 해결책은 찾을 수 없게 될 것이다. 그렇게 하지 않으면 전쟁이나 초인플레이션의 참화를 겪을 수밖에 없으며 이는 사람들을 최악의 상태로 몰아넣을 것이다. 1793년에는 프랑스가, 그리고 1920~1930년에는 독일이 그런 사태를 겪었다.

이윤의 홍수를 맞으면서도 생산적 경제에 재투자할 수 없는 상

• • •

141 특히 중앙은행이 보유한 공채 부분을 탕감하라고 권유하는, 매킨지 보고서에서 매우 흥미롭게 설명한 경로를 따를 수도 있다. 〈국가 부채 해결을 위한 더욱 폭넓은 수단의 고려 Consider a broader range of tools for resolving sovereign debt〉, p.97, 보고서 〈채무와 (많지 않은) 디레버레이징 Debt and (not much) deleveraging〉, 2015년 2월, 매킨지 글로벌 연구소(McKinsey Global Institute).

황[142]과 사회적 격차가 심화되는 상황을 맞이하여 세계적 차원의 의식이 형성되고 있다. 경제의 주요 부문에서 인류애가 담긴 생각과 실천이 아주 빠른 속도로 확산되고 있다. 예술 작품 사들이기도 아니고 허울뿐인 '이름' 붙이기도 아닌 진정한 인류애다. 매우 가난한 사람들을 돕기 위한, 계산적인 대가를 바라지 않는 돈과 에너지와 재능 기부. 머지않아 1,826명의 세계적 억만장자들 가운데 워런 버핏이나 빌게이츠를 본받아 죽기 전에 적어도 자기 재산의 반을 기부하겠다고 약속하지 않는 사람은, 세계 경제의 진짜 '실패자'로서 손가락질 받게 될 날이 올 것이다. 자기 자신에 대해 두려움이 크기 때문에 모든 것을 쌓아두고 싶어 하는 사람들이다. 21세기의 패자, 그는 몰리에르의 '수전노'이자 월트 디즈니의 스크루지일 것이다. 이집트 파라오처럼 금과 함께 땅에 묻히고 싶어 하는 사람이다. 우리는 이미 승자가 누구인지 알고 있다. 미국에서는 '기부 서약Giving Pledge'에 서명한 200명에 가까운 서약자들에서 찾을 수 있다.[143] 그리고 세계적으로는 사우디의 박애주의 왕자를 들 수 있다. 알왈리

• • •

142 위축된 경제와는 달리 부의 잉여분을 부동산이나 예술품처럼 별로 생산적이지 않은 재산을 쌓는 데 이용한다.

143 '기부 서약'은 워런 버핏과 빌 게이츠가 전 세계 억만장자들이 적어도 자기 재산의 반을 살아 있을 때, 또는 임종을 맞이하며 기부하자고 벌인 운동이다. 그 서명인 명부와 다양한 기부자들이 보내온 서약의 말은 www.givingpledge.org에서 볼 수 있다.

드 빈 탈랄Alwaleed bin Talal 왕자는 2015년 7월 1일에 자기 재산 전부를 기부하겠다고 선언했다. 300억 달러가 넘는 금액이 될 것이다. 누가 이보다 더 잘할 수 있을까?

좋은 소식이다. 세계 최상류층 사람들이 나눔과 증여의 경제라는 흐름에 적응하고 있고, 앞으로 자신의 많은 에너지와 역량을 쏟아 부을 것이다. 무엇보다도 스스로 관련되어 있다는 점을 잘 알기 때문이다. 즉, 세계적 대투자가들은 되풀이되는 거품 경제와 마이너스 이자율이라는 환경 속에서, 그리고 그 업무가 점점 더 자동화되고 있는 상황에서, 경제에서 자신이 차지하는 의미와 정당성을 잃어가고 있다. 머지않아 그들 자신의 경제적 생존은 더 높은 윤리적 금융 체제를 갖추는 데 달려 있게 될 것이다. 그리하여 주가지수가 고객에게 어떤 편익도 가치 상승도 제공하지 못하는 상황에서 스스로에게 아무런 동기도 주지 못할 상품의 판매인이자 '중개인'으로 남아 있지 않을 것이다. 신기술 덕분에 결국에는 나눔과 증여의 경제가 기술적으로 가능해질 것이라는 점 역시 좋은 소식이다. 자동차의 공동 이용이나 주거지의 공동 임대에서부터 무상 온라인 학습, 화폐 교환이 필요 없는 전용 플랫폼에서의 재화와 서비스 교환 등의 환경은 우리 사회와 경제를 점점 더 시장이 필요 없는 곳으로 바꿀 것이다.

좋은 소식은 또 있다. 우리 사회가 최상의 가치로 삼는 돈이 그

위세를 잃는 순간이 다가오고 있다는 점이다. 비물질적인 디지털 부를 장난하듯 취급하고, 전 세계의 화폐를 마음대로 조작하고, 갈수록 소수의 사람들에게 부가 집중되는 탓에 우리는 돈에 대한 평가를 점점 더 낮게 하고 있다. 금송아지가 이렇게 빛나던 때는 결코 없었다. 하지만 이제 우리 눈앞에서 서서히 녹아내리고 있다. 머지않아 더욱 신뢰할 만하고 더욱 인간적인 가치가 그것을 대체할 것이다.

또 좋은 소식은 교회의 사회 교리를 따르리라 생각되는, 약 12억 명 정도 되는 가톨릭 신도만이 이런 전복을 바라는 게 아니라는 점이다. 다른 위대한 종교들의 신도, 인본주의적 사조를 지지하는 모든 사람들 역시 존재의 취약성을 인식하고 있다. 이 존재의 취약성이야말로 우리를 성스럽게 하는 것이다. 우리 스스로가 약하다는 인식은 초인간주의 위선의 정 반대편에 있는 것이다. 초인간주의는 삶과 죽음의 경계를 허물고 인간을 전능하고 영혼 없는 기계로 바꾸려 한다. 우리의 약함에 대한 인식은 에인 랜드 추종자들의 해로운 신조가 사그라지면서 그 빛을 발할 것이다. 그들은 스스로 우월하다는 자아도취에 빠진 채 그들의 존재가 무한과 충만함에 다다랐다고 믿는다. 하지만 이는 환상일 뿐이다. 끝없이 상승한 인간의 전능이라는 환상은 결국 닫힌 하늘에서 좌절될 뿐이다.

또 좋은 소식은 이런 환상이 전복될 순간에 가까워지고 있다는 점이다. 21세기 초에 들어서면서 세계 경제는 너무도 난폭하고 가혹해져서 실업자, 청년, 노인, 이주민, 장애인 등의 수많은 희생자들은 심화되는 악순환이 멈출 것이라고 희미하게 감지하고 있다. 우리는 곧 그 절정에 다다를 것이다.

우리가 가장 섬세한 율법을 조화롭게 적용해야 하는 때는 바로 그 순간이다. 가장 약한 이들을 우선시하는 선택은 사회를 와해시키고 전쟁의 참화 속에 내던지는 대신에, 또한 타인을 지배하는 절대 권력을 위한 경쟁 속에서 자멸하는 대신에 인간적인 사회를 만들어낼 수 있다.

또 좋은 소식은 완전히 세계화된 경제와 사회에서 우리는 상호의존을 의식하게 된다는 것이다. 어떤 개인이나 국가도, 어떤 문화와 종교도 홀로 떨어지거나 타자에 적대적이어서는 안 된다. 우리 자신이 평화롭게 살기 위해서라도 타인이 성공하고 사회 속에서 제자리를 찾을 수 있어야 한다. 타인이란 이주민이나 빈민, 실업자일 수 있다. 자기 자신만큼 하늘을 믿는 사람은 타인의 종교, 타인의 전통 역시 내 것만큼 소중히 생각한다. 그리고 하늘을 믿지 않는 사람도 자신을 한계와 약함이라는 성스러운 특질을 가진 인간으로서 믿는다.

"결론적으로 우리의 가장 기본적인 공통성은 우리 모두 이 작은 행성에서 산다는 점이다. 우리 모두는 같은 공기를 마시며, 우리 아이들의 미래를 소중히 여긴다. 그리고 우리는 모두 죽는다."
사회정의와 조국과 세계에 대한 희망에 사로잡힌 '부유한 청년' 존
F. 케네디는 가톨릭 신자로서는 처음으로 결점과 그늘과 빛이 공존
하는 미국의 대통령이 되었다. 케네디는 1963년 6월 10일에 아메리
칸 대학교에서 평화를 위한 연설을 하면서 이렇게 말했다. 당시는
쿠바 미사일 사태로 전 세계가 재앙을 당할 위기를 간신히 모면한
때였다.

그리고 5개월이 지나서 케네디는 암살당했다. 그때 나이 45세
였다.

더욱 정의롭고 덜 폭력적인 인간 공동체를 만들기 위해서 우리
각자는 얼마나 굳은 각오를 하는가? 약육강식이 아니라 나눔의 사
회를 위해서. 소유가 아니라 행복을 우선시하는 사회를 위해서. 결
국은, 태어날 아이에서부터 우리 곁을 가장 먼저 떠나게 될 사람까
지, 가장 약한 이들을 보호하는 목표를 핵심에 놓는 사회를 위해서.

2015년 7월 18일,
오트르빌쉬르라렌에서

맺음말 : 장벽 너머에서

교황님의 말씀이
한국 사회에 던지는 메시지

     프란치스코 교황님과 관련된 책을 번역하고 후기를 쓰려니 감회가 새롭고 약간 두려운 마음도 생깁니다. 청년 시절 저는 종교의 부정적인 면면들을 접하며 탐탁지 않은 감정마저 품었으니까요. 하지만 살아오면서 겪은 경험과 만남 속에서, 삶을 사랑하며 이웃과 사회에 진심을 다해 헌신하는 수많은 종교인들을 보면서 큰 감동을 받았습니다. 최근에는 특히 프란치스코 교황님을 보며 그런 마음이 들었습니다. 약한 이들을 사랑으로 품고 우리 사회의 어두운 면들에 빛과 소금이 되려 함은 물론 부정과 부패의 구조에서 자유롭지 못한 교황청까지도 개혁하려 나선 교황님의 언행과 행보에 존경심을 느끼지 않을 수 없었습니다.

그래서 이 책에도 소개된 교황님의 권고와 회칙은 물론 관련 책과 자료들을 찾아 읽고는 용기를 내어 후기를 써봅니다. 부디 부족한 제 글이 교황님이 품으신 깊은 뜻과 이 책을 쓴 저자의 의도를 왜곡하는 누를 끼치지 않길 바랍니다. 그러면서 세상의 어둠을 밀어내고 희망의 길로 나아가는 데 조금이라도 보탬이 된다면 다행이겠습니다.

빚 권하는 국가, 빚 공해로 시달리는 사회

지금 우리는 그야말로 '빚 공해'에 짓눌려 살고 있습니다. 환경오염이나 다른 사회적 병폐와 마찬가지로 개인은 물론 국가도 감당하기 힘들 정도로 규모가 커진 빚은 뭇 사람들의 몸과 마음을 괴롭힐 뿐 아니라 생명마저 앗아가고 있습니다.

한국은행의 발표에 따르면, 우리나라 가계 부채는 2015년 3분기 기준으로 총 1,166조 원으로, 국민 한 사람당 2,200만 원의 빚을 지고 있는 셈입니다. 그마저도 더욱 빠른 속도로 늘고 있습니다. 정부 부채는 1,212조 원을 넘어섰고, 기업 부채까지 합치면 나라 빚이 5,000조 원을 향해 달려가고 있는 실정입니다. 실로 빚의 규모와 증가 속도는 우리의 상상을 뛰어넘어 거품을 부풀리고 있습니다. 곧이어 들이닥칠지도 모를 부동산 가치 하락과 미국 금리 인상

뿐 아니라 어떤 예측하지 못한 요인이 작용해 이 거품이 터진다면 1997년 IMF 사태나 2008년 미국발 금융위기보다 더 심각하고 장기적인 경제 위기를 겪을 위험이 큽니다.

개인들이 빚을 지는 가장 큰 이유는 주택이나 전월세 자금 마련입니다. 자영업자의 사업자금이나 대학생의 학자금 대출 역시 서민들의 목을 조르고 있습니다. 통계청 발표에 따르면, 자영업자들은 개업한 지 3년 안에 70%가 문을 닫으며 평균 1억 원이 넘는 빚을 지고 있다고 합니다. 치솟는 등록금을 감당하기 어려워 대출을 받아야 하는 대학생들 가운데 상당수가 학업을 포기하거나 사회에 나와서도 20대 채무 불이행자라는 멍에를 쓰게 됩니다. 말 그대로 미래를 저당 잡힌, 내일이 없는 삶들입니다. TV만 켜면 쏟아져 나오는 수많은 대출 광고가 이런 현실을 생생히 비추고 있습니다.

그런데 대체 그 많은 돈은 누가 다 먹어치우는 걸까요? 사회는 빚에 허덕이며 가난해지는 다수와, 자본 및 금융 소득으로 부를 쌓는 소수로 나뉘는 양극화가 심화되고 있습니다. 우리 사회의 양극화는 통계를 들먹이지 않아도 피부로 실감할 수 있는 사실입니다. 2014년 생활고에 내몰린 세 모녀 자살 사건으로 세상이 떠들썩해지고 대통령까지 나서서 대책을 입에 올렸지만 상황은 전혀 변한 것이 없고 비슷한 비극적 사건이 계속 벌어지고 있습니다. 오히려 정부는 각종 복지 정책을 축소하고 예산을 삭감하면서 더 많은 빚을 져서 살아가라고 권하고 있습니다. 심하게 부당한 대우를 받거나 일자리에서 쫓겨날 처지에 몰린 노동자들은 빚밖에는 가질 희망이 없는 사회에서 '실패자'로 내몰리지 않기 위해 고공 크레인이나 굴뚝 위로 올라 마지막 안간힘을 씁니다. 심지어는 사람이 미래라 홍보하던 모 기업은 신입사원에게까지 명예퇴직을 종용하려 해 지탄을 받았습니다.

왜 이런 일들이 일어나는 걸까요? 사회의 흐름을 읽으며 재빠르게 적응하지 못한 게으른 낙오자들 개개인의 무능력이 문제일까요? 이 시점에서 프란치스코 교황의 말씀이 떠오릅니다.

"소수의 소득이 기하급수적으로 늘어나는 동안, 대다수가 이 행복한 소수가 누리는 번영과는 더욱 거리가 멀어지고 있습니다. 이러한 불균형은 시장의 절대 자율과 금융 투기를 옹호하는 이념의 산물입니다. 이 이념은 공동선을 지키는 역할을 맡은 국가의 통제권을 배척합니다. … 또한 빚과 이자가 계속 불어나면서 국가들이 그 경제적 잠재력을 실현하지 못하고, 국민들은 실질적인 구매력을 행사하지 못하고 있습니다."《복음의 기쁨》56항)

교황님은 이렇듯 사회적 불균형의 원인이 물신주의, 시장과 경제의 독재, 공동선을 지키지 못하는 국가에 있으며 '실패자'로 낙인찍히는 개인들이야말로 그 희생자임을 명확히 하고 있습니다.

옮긴이의 말 : 교황님의 말씀이 한국 사회에 던지는 메시지

저성장 사회의 빛 경제

어떤 이들은 땜질식 처방으로는 이런 불균형을 바로잡을 수 없기에, 복지를 강화하고 새로운 산업을 육성해 일자리를 늘려야 한다고 조언합니다. 틀린 말은 아니지만 이 역시 근본적 처방이 되기 힘듭니다. 지금 문제가 되고 있는 자본주의와 금융 체제는 바로 '경제 성장'에 기초를 두고 있기 때문입니다. 즉, 빚을 바탕으로 한 경제에서 성장률이 계속해서 이자율을 넘어서야 함을 뜻합니다. 그래야 지금보다 더 많은 돈을 벌어서 빚과 이자를 갚아가며 생계도 유지할 수 있습니다.

그런데 그러기 위해서는 수입보다 수출이 많아져 나라 밖에서 돈을 들여오거나, 나라 안에서 아직 상품화되지 않은 것들을 발굴해 생산을 늘려 돈을 만들어내야 합니다. 하지만 우리나라는 물론 세계 어느 나라든 이런 방법으로는 경제 성장을 이루기 어려워지고 있습니다.

"국제에너지기구는 빠르면 2020년에 석유 생산이 '정점'에 도달할 수도 있을 것이라고 이야기하기 시작했다. … 물론 정점을 지난다고 해서 석유가 한순간에 사라지지는 않을 것이다. 그러나 석유는 더욱 부족하게 될 것이고, 채취하는 데 비용이 더 많이 들게 될 것이다. 저유가 시대는 완전히 과거의 일이 될 것이고 그 결과

교황의 경제학

에너지 경제학은 결정적인 변화를 맞이하게 될 것이다.(《성장 없는 번영》24쪽)

현대 산업 문명을 지탱하는 석유가 머지않아 생산의 정점에 이를 것이라는 전망입니다. 그에 따라 석유 부족과 가격 상승으로 세계 경제 성장을 아래로 끌어내릴 것입니다. 물론 부침은 있을 것입니다. 최근 들어 유가가 급락한 것은 시추 기술 향상에 따라 셰일가스 생산의 채산성이 높아지고, 세계 패권 전략의 일환으로 미국이 그 생산을 대폭 늘리고 있기 때문입니다. 그러나 이런 현상은 한시적일 수밖에 없습니다. 저유가에 따른 채산성 악화로 미국 에너지 기업들이 줄도산하고 있는 실정입니다. 어쩔 수 없이 유가는 다시 오를 것입니다.

그리고 석유를 비롯한 자원 부족만이 문제가 아닙니다. 기후변화, 삼림파괴, 사막화, 생물다양성 훼손, 수자원 고갈, 토양과 수질 오염 등 생산 확대에 따른 환경파괴와 생태계 수용 능력 한계도 성장을 가로막는 주요 요인이 될 것입니다. 2015년에 세계자연보호기금이 발표한 보고서에 따르면, 조사 대상으로 삼은 1,234종의 해양 생물 개체수가 지난 40년 동안 무려 49%가 줄었다고 합니다. 지구는 유한한 행성입니다.

이런 현실 앞에서 프란치스코 교황은 '성장'이라는 무모한 신화에 경종을 울리며 현재의 생활방식을 변화시킬 것을 권고하십니다.

옮긴이의 말 : 교황님의 말씀이 한국 사회에 던지는 메시지

"만약 우리가 자연의 가치와 취약함을 깨닫는 동시에 하느님께서 우리에게 주신 능력을 깨닫는다면, 무한한 물질적 발전이라는 근거 없는 현대 신화를 깨뜨릴 수 있습니다. 하느님께서 인간의 보호에 맡기신 취약한 세상은 우리의 힘을 이끌고 발전시키고 제한하는 현명한 방법을 찾을 것을 요청합니다."《찬미받으소서》78항)

"인간은 무한 성장 또는 제약 없는 성장이라는 개념을 쉽사리 받아들이게 되었으며, 경제학자, 금융 전문가, 기술자들은 이에 큰 매력을 느꼈습니다. 이는 지구 자원을 무한히 활용할 수 있다는 거짓을 바탕으로 한 것으로, 지구를 그 한계를 넘어서 최대한 '쥐어짜는' 데에 이르게 됩니다."《찬미받으소서》106항)

세계 경제가 3%대의 성장률로 고착되었고, 특히 세계의 성장을 이끌었던 중국의 성장률이 7%를 밑돌며 25년 만에 최저치를 기록했습니다. 마찬가지로 우리나라도 2015년에 2.6%의 경제 성장률을 기록하며 4년 연속 2%대에 머물렀습니다. 현대경제연구원의 보고서(2016년 1월 24일 발표)에 따르면 앞으로 30년 동안 성장률이 2%대에서 하향 고착화될 것이며 심하면 1%대로 떨어지리라 예측됩니다. 사람들이 지금보다 더 많은 돈을 벌어야 빚을 갚을 수 있을 터인데, 이렇게 버는 돈이 줄어든다면 쌓이는 이자도 감당하기 힘들어집니다.

설령 수출 증가로 경제가 성장한다 해도 그 부가 대기업을 비롯한 소수 부유층에게 쏠리는 우리나라 구조에서는 빚을 갚을 수 있는 돈이 성장의 결실로 서민 가계에까지 떨어지지 않습니다. 우리나라 정부의 경제 정책의 바탕에는 '낙수효과'가 깔려 있고 아직도 이를 사실이라 주장하는 사람들이 있습니다. 낙수효과란 대기업과 부유층의 소득이 늘면 경기가 전반적으로 부양되면서 결국 저소득층에게도 혜택이 돌아가 소득 양극화가 해소된다는 논리입니다. 하지만 OECD는 우리나라의 대기업 위주 수출 정책과 그 낙수효과는 한계에 도달했다고 발표했으며, IMF도 150개가 넘는 나라들의 사례를 분석한 끝에 상위 20% 계층의 소득이 1%포인트 증가하면 이후 5년의 국내총생산(GDP) 성장률이 연평균 0.08%포인트 감소한다는 결론을 내렸습니다.

결론적으로 낙수효과는 사실이 아니며 혹시라도 그렇게 떨어지는 것이 있다면 그것이야말로 바로 빚입니다. 낙수효과는 빚더미가 쌓이는 효과일 뿐입니다. 어쨌든 우리 경제는 지금껏 성장해왔지만 그 성장의 결실은 소수에게 집중되었고, 대다수는 한 사람당 평균 2,200만 원이라는 가계 빚더미 위에 올라앉았습니다.

옮긴이의 말 : 교황님의 말씀이 한국 사회에 던지는 메시지

'자비의 희년'이 세상에 던지는 메시지

교황님은 이런 불균형과 위기를 극복하기 위해서 금융에 대한 규제, 분배 정의, 복지 확충, 고용 안정의 중요성을 강조합니다. 그리고 이 책의 저자는 좀 더 구체적으로 고리의 제한, 보수 격차의 한계 설정, 공유경제 활성화, 기부 문화 확산, 기본소득 등을 제안합니다. 이런 것들은 이미 그 필요성에 대한 인식이 확산되어 있고, 상당한 연구가 진행되어 있으며, 또한 세계 각지에서 실제로 실행되고 있는 것들로 더 많은 관심을 갖고 확대 강화해야 합니다.

이렇게 개별 국가 차원에서 진행할 수 있는 해결 방법들을 넘어 저자는 특히 국제적 차원에서 접근하여 문제의 발원지인 금융계를 동반자로 삼으며 금융을 이용해야 한다고 말합니다. 이는 연대성을 지니고 경제와 금융에서 인간을 이롭게 하는 윤리로 되돌아갈 것을 권고하는 교황님의 뜻과 일치합니다. 달리 말하면 '윤리를 무시하지 않는' 금융개혁입니다.

또한 저자는 가장 시급한 과제로 조세피난처를 이용하는 기업에 대한 투자와, 아동 노동을 비롯해 강제 노동을 허용하는 국가 채권과 기업 주식에 대한 투자를 거부하는 것을 들고 있습니다. 아동 노동, 강제 노동의 부당함에 대해서는 두말할 필요가 없겠지만 조세피난처와 관련해서 우리나라의 문제는 매우 심각한 지경입니다.

2013년에 영국의 조세정의네트워크가 발표한 바에 따르면, 우리나라 기업과 개인들이 조세피난처로 빼돌린 자금이 모두 7,790억 달러로 세계 3위였습니다. 이는 서민에게 세금 부담을 가중시키고 양극화를 심화시키는 주범입니다. 이런 자금들을 줄이거나 환수한다면 사회 양극화를 줄이고 빚 문제를 해결하는 데 큰 도움이 될 것입니다.

그런데 금융과 빚 문제 해결과 관련하여 우리가 진지하게, 그리고 반드시 돌아봐야 할 종교적 가르침이 있습니다. 바로 유대·그리스도교 전통에 뿌리박은 희년제입니다. 50년마다 돌아오는 희년에 모든 부채를 탕감하고 토지를 원 소유자에게 돌려주고 노예를 해방하는 이 제도에 대해 교황님은 이렇게 말씀하십니다.

"[하느님께서는] 안식년을 일곱 번 지내면, 곧 마흔아홉 해가 지나면, 모든 것에 대한 용서와 '땅에 사는 모든 주민에게 해방'(레위 25,10)을 선포하는 희년을 거행하도록 하셨습니다. 이러한 율법의 전개는 인간이 다른 이들과 맺은 관계와 그들이 살고 일하는 땅과 맺은 관계에 균형과 공정을 보장하고자 하는 것이었습니다. 더불어 땅의 결실을 포함하여 땅이 주는 것은 모든 이에게 속해 있다는 사실을 인정하는 것입니다."(《찬미받으소서》 71항)

이에 대해 저자는 더욱 현실적 차원에서 접근하여 이렇게 말하고 있습니다. "빚에 대한 '희년'이라는 분명한 유토피아에 대해 말하자면, 컨설팅 분야의 세계적 기업 매킨지 그룹이 2008년 위기 이후 세계의 공채 폭증에 관한 최근 연구를 통해서 그것을 분명하게 권고했다. 전 세계적으로 쌓인 채무 총량은 오늘날 199조 달러로 세계 국내총생산의 286%에 달하는 액수다. 단 6년 만에 57조 달러가 치솟은 것이다. 상환이 가능하지 않다. 원금뿐만 아니라 곧 그 이자도 걷잡을 수 없이 증가할 것이다. 조만간 국가들 사이의 협의를 통해 평화적으로 그 빚의 상당 부분을 탕감하는 것 말고는 더 합리적인 해결책은 찾을 수 없게 될 것이다."

그런데 저자는 이런 과제의 해결을 "세계 주요 투자가들과, 대규모 경제 주체들과, 비정부 시민사회가 함께 개최하는 G20", 즉 일종의 21세기 브레턴우즈 협정을 통해 이루자고 제안합니다. 이런 제안이 낭만적이고 실현 가능하지 않은 것이라 여길 독자들도 꽤 있을 것입니다. 충분히 그렇게 생각할 여지가 있지만, 세계적 금융 문제를 해결하기 위해서는 달리 방도를 찾는 것이 쉽지 않은 것도 사실입니다. 프란치스코 교황님도 오늘날 세계 문제를 해결하기 위해 세계 차원의 합의와 협약이 필요함을 여러 차례 되풀이하여 강조하셨습니다.

"세계가 서로에게 의존한다는 사실은 생활양식, 생산 방식, 소비 방식이 모든 사람에게 해로운 영향을 미친다는 것을 깨닫게 할 뿐 아니라, 무엇보다 일부 국가들의 이익 보호만이 아니라 세계적 관점에서 해결책들을 제안하도록 하는 것을 의미합니다. 이러한 상호 의존은 우리에게 공동 계획을 가진 하나의 세상을 생각하지 않을 수 없게 합니다. … 개별 국가만의 조치로는 해결할 수 없는 근본적 문제들을 다루려면 세계적인 합의가 반드시 필요합니다."《찬미받으소서》164항)

물론 세계적 협정을 이끌어내는 것도, 그것을 통해 문제를 해결하는 것도 결코 쉬운 일이 아님은 분명합니다. 그러나 우리 사회와 세계의 문제들을 외면하지 않고 극복하기 위해 노력하시는 교황님의 행보는 이미 세계 곳곳에서 큰 반향을 일으키고 있습니다.

교황님은 2016년 1월 20일에 열린 다보스 포럼에 참석한 세계 경제 지도자들과 부호들을 향해 연설문을 발표했습니다. "다른 이들의 고통에 단순히 슬퍼하는 것이 아니라 우리의 행동이 부당함과 불평등의 원인이 되고 있다는 사실을 깨달아야 한다." "인간이 영혼 없는 기계로 대체되는 상황이 벌어져선 안 된다."는 경고의 내용이었습니다. 호주 비영리기구인 글로벌파운데이션Global Foundation의 주관으로 세계 거물급 경제인 50명이 모인 회의에서는 국제 금융시장과 자본주의를 비판해온 프란치스코 교황과의 팽팽해진 긴장 관계를 개선하기 위하여 교황청 재무 책임자인 조지 펠 추기경을 초청해 의견을 듣기도 했습니다. 이뿐 아니라 구글의 전 CEO인 에릭 슈밋 알파벳 회장과 애플의 CEO 팀 쿡이 교황청을 방문하여 교황님을 만나 의견을 나누었습니다. 이 모두가 2016년 1월에 있었던 일입니다.

세계가 교황님의 권위와 지도력을 인정하고, 우리 사회와 경제, 금융에 대해 강력히 비판하고 경고하는 교황님과 거리를 좁히고, 의견을 구하고, 함께 대안을 마련하려는 움직임이 시작되고 있다는 생각이 듭니다. 불가능할 것 같은 일도 현실로 이룰 수 있다는 희망을 가져봅니다. 이런 희망은 다음과 같은 교황님의 말씀에서 더 큰 힘을 얻습니다.

"그러나 아직 모든 것을 잃지는 않았습니다. 인간은 최악의 것을 자행할 수 있지만, 또한 자신을 억압하는 모든 정신적 사회적 제약을 극복하여 자신에게서 벗어나 다시 선을 선택하며 새롭게 시작할 수 있기 때문입니다. 우리는 자신을 솔직하게 살펴보고, 강력하게 불만을 제기하고, 참자유를 향한 새로운 길에 나설 수 있습니다. 그 어떠한 체제도, 진선미에 대한 우리의 열린 마음, 곧 하느님께서 당신의 은총에 응답하도록 우리 마음 깊은 곳에 심어주신 그 능력을 완전히 억누를 수는 없습니다. 저는 이 세상 모든 이에게 자신의 존엄을 잊지 말도록 호소합니다. 아무도 이 존엄을 빼앗을 권리가 없습니다."《찬미받으소서》 205항)

교황님의 건강이 좋지 않다는 보도가 가끔 들려옵니다. 부디 이

교황의 경제학

세상에 근본적 변화가 눈앞으로 다가올 때까지 건재하시길 바랍니다. 그리고 그런 시기가 앞당겨지도록 이끌어주시기 바랍니다. 혹시 그러지 못하시더라도 가난한 이들, 모든 사람, 생명, 지구를 따뜻한 품에 안으시려 한 교황님의 분투와 사랑은 우리 한 사람 한 사람 마음에 새겨져 더 큰 용기와 희망으로 살아날 것입니다. "노래하며 걸어갑시다! 이 지구를 위한 우리의 투쟁과 염려가 결코 우리 희망의 기쁨을 앗아가지 못합니다."(《찬미받으소서》244항)

오는 3월에 교황님의 일대기를 담은 영화가 우리나라에서 상영된다는 소식입니다. 그때쯤이면 이 책도 독자 여러분과 만나는 기쁨을 누리고 있을 것입니다. 즐거운 마음으로 그때를 기다리며, 그리고 다시 한 번 프란치스코 교황님을 존경하는 마음을 표하며 글을 맺습니다.

2016년 2월

프란치스코, 돈의 장벽을 넘어 치유의 경제를 말하다

교황의 경제학

1판1쇄 인쇄 2016년 2월 25일 **1판1쇄 발행** 2016년 3월 5일
지은이 에두아르 테트로 **옮긴이** 전광철
펴낸이 전광철 **펴낸곳** 협동조합 착한책가게

주소 서울시 마포구 어울마당로 112-6 3층
등록 제2015-000038호(2015년 1월 30일)
전화 02) 322-3238 **팩스** 02) 6499-8485
이메일 bonaliber@gmail.com
ISBN 979-11-954742-5-7 03320

교회인가 2015년 12월 10일, 서울대교구
성경·교회 문헌ⓒ한국천주교중앙협의회

* 책값은 뒤표지에 있습니다.

* 잘못된 책은 구입하신 서점에서 바꾸어 드립니다.

이 도서의 국립중앙도서관 출판예정도서목록(CIP)은 서지정보유통지원시스템 홈페이지(http://seoji.nl.go.kr)와
국가자료공동목록시스템(http://www.nl.go.kr/kolisnet)에서 이용하실 수 있습니다.
(CIP제어번호: 2016002395)